LA FRANCE

AUX PRISES

AVEC

LES IMMORTELS PRINCIPES

PAR

B. VANET

PRIX : 1 Franc

LYON

BRIDAY, LIBRAIRE	LIBRAIRIE DU TÉLÉGRAPHE
3 AVENUE DE L'ARCHEVÊCHÉ	RUE GASPARIN, 14, 16, 18

PARIS

BROUSSOIS ET Cᵉ, LIBRAIRES

RUE DUPUYTREN, 4

1874

LA FRANCE

AUX PRISES

AVEC

LES IMMORTELS PRINCIPES

PAR

B. VANET

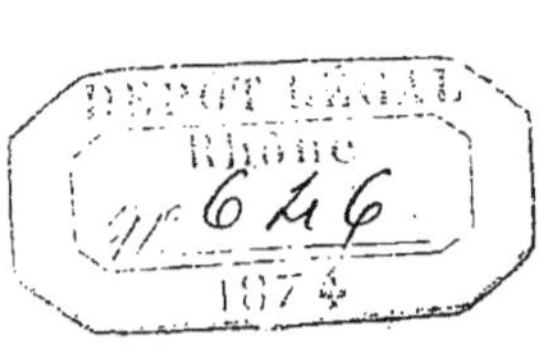

LYON

BRIDAY, LIBRAIRE ‖ LIBRAIRIE DU TÉLÉGRAPHE
3 AVENUE DE L'ARCHEVÊCHÉ ‖ RUE GASPARIN, 14, 16, 18

PARIS

BROUSSOIS ET Cᵉ, LIBRAIRES
RUE DUPUYTREN, 4

—

1874

INTRODUCTION

Les préjugés, — choses essentiellement tenaces et bourgeoises, — sont le pire obstacle à la restauration de la
Monarchie légitime. On l'a dit avant nous, avec autant de
raison que de justesse : « Il est bien plus aisé de convaincre
un homme du peuple, que de chasser un préjugé du cerveau
d'un bourgeois (1). »

Pour ces « fils de la Révolution », la France date de 89.
Ils enveloppent d'un superbe dédain ou d'une haine irréflé-
chie le passé national, qu'ils qualifient d'*ancien régime*. Et
l'ancien régime, selon eux, c'est un mélange d'obscurantisme
et de servitude, d'iniquité et de tyrannie, d'autant plus
détestable qu'ils le connaissent moins.

Cependant, cette bourgeoisie qui se prétend « fille de 89 »,
et qui est, en réalité, la création de la politique royale, a,
elle aussi, dans cet ancien régime, une histoire, des traditions qui, en fait de grandeur, de dignité, de patriotisme
intelligent, ne le cèdent à nulle autre.

La « France moderne » est, en effet, l'œuvre de l'ancien

(1) *La Politique impériale et la Révolution*, par Fernand DESPORTES.

régime. C'est à l'ancien régime que nous devons nos libertés et nos droits. Car ces conquêtes, dont nous sommes si fiers, ne sont poin l'ouvrage d'un jour, et leur origine ne date pas plus de 89 que de 93. Elles nous ont été léguées par le travail des siècles, elles sont fa tes des progrès du passé.

Et le passé de la France, ce n'est ni l'esclavage, ni l'immobilité; mais c'est l'honneur, la gloire, le progrès continuel, la lutte féconde, sous la direction intelligente et l'autorité civilisatrice d'une dynastie, véritable incarnation du génie national.

Pendant neuf siècles, le génie français tendit à un double but : l'Unité, la Liberté; et la Maison de France fut son instrument providentiel.

A l'extérieur, elle engage, contre l'étranger, la lutte gigantesque qui assure à la France l'indépendance, la libre possession de s n territoire et la prépondérance universelle.

A l'intérieur, elle enlève successivement à la féodalité ses droits et ses prérogatives usurpés; elle travaille à l'affranchissement populaire par la justice et les lois, par les idées et la science; elle crée, elle développe l'existence civile et politique du Tiers-État..... S'inspirant des intérêts et des vœux du peuple, elle transforme lentement la société française, et fonde sur les ruines du monde féodal l'unité de pouvoir, prélude de la liberté moderne.

Malgré des erreurs passagères, des défaillances inévitables, la Royauté remplit admirablement sa mission civilisatrice, parce que sa politique fut constamment la politique de la liberté, de l'égalité et de la fraternité chrétiennes.

En 1789, il restait à compléter cette œuvre splendide. Les mœurs, les habitudes, les idées de la France l'avaient préparée aux réformes justes, aux libertés régulières. Le Droit national allait recevoir une consécration nouvelle, prendre une forme définitive. Seule, la Royauté était digne de présider le magnifique mouvement social et politique qui électrisait le pays, puisque ce mouvement était le résultat de sa politique séculaire. Sous sa direction seule, il pouvait porter tous ses fruits, et donner à la France le brillant avenir qu'elle entrevoyait.

Mais, se substituant aux principes traditionnels par la ruse et la violence, la conspiration et l'émeute, la Révolution, arrachant l'Autorité à son légitime dépositaire, remplaça le Droit National par la Souveraineté du Peuple.

La Souveraineté du Peuple, c'est, en effet, le principe révolutionnaire de 1789, l'origine des iniquités et des massacres qui ont traîné la Liberté dans le sang et la boue, la source des fléaux qui se sont déchaînés sur la France.

Réformes, progrès, libertés, ce principe vicia tout et ne fonda rien : de crime en crime, il conduisit la France de 89 à 93, du serment du Jeu de Paume à l'échafaud révolutionnaire.

Quant à l'avenir de cette France, — avenir que la Monarchie légitime eût fait si beau ! — grâce à la Révolution, il s'appela tour à tour anarchie ou despotisme, licence ou révolte, massacre ou proscription, guerre civile ou servitude.

Les révolutionnaires ont imposé au pays leur principe de ruine, en le confondant habilement avec les principes de 89. Il est temps de faire justice de cette fantaisie audacieuse.

Bien loin d'avoir amené ou aidé les réformes, la Révolution ne fit que les compromettre : elle eût tué jusqu'à leur souvenir, si ces réformes n'avaient pris leur source et leur raison d'être dans la Justice et la civilisation chrétienne, si elles n'avaient été le couronnement de l'œuvre séculaire de la Royauté.

Avec la Monarchie légitime, les réformes de 1788 et 89 ne peuvent plus être mises en discussion; elle est leur sanction et leur garantie.

Avec le principe révolutionnaire de 1789, elles sont fatalement à la merci des caprices de la multitude souveraine.

C'est ce principe révolutionnaire qu'il s'agit d'abandonner, si nous voulons retrouver la stabilité; c'est lui seul, et non les réformes, que nous attaquons.

Il faut revenir aux Principes traditionnels répudiés par 89. il faut remettre l'Autorité à son dépositaire légitime, pour reprendre le cours interrompu des destinées glorieuses, des progrès durables de la France.

Et la logique des faits, d'accord avec la logique des principes, ne nous offre que la Légitimité pour échapper au Radicalisme, en évitant César, cette suprême honte!

CHAPITRE PREMIER

I

LÉGITIMITÉ OU SOCIALISME

Depuis 1789, la France est périodiquement bouleversée par des révolutions politiques et sociales qui s'enchaînent les unes aux autres et menacent de plus en plus la civilisation chrétienne.

Emportés dans cette course folle par l'impitoyable logique du principe révolutionnaire, nous sommes à la veille d'une crise décisive. Ce n'est point un simple antagonisme d'opinions qui ébranle l'édifice social, c'est une guerre de principes dont le dénouement n'aura lieu que par un choc terrible ; et cette secousse inévitable sera d'autant plus violente, qu'en s'accentuant, ses causes s'accumuleront en plus grand nombre.

Si la société, minée dans ses fondements, veut asseoir ses bases sur un fond solide et trouver un équilibre stable, elle n'a de choix possible à faire qu'entre les deux ordres suivants de principes : Ou les principes de la Tradition (1),

---

(1) Les principes de la Tradition sont le véritable fondement de l'ordre social. Ils renferment le Droit, la Justice, l'Ordre et l'Autorité que le Créateur, législateur suprême, a donnés au monde, dans le *Décalogue*, pour bases fondamentales de la famille, de la propriété, de la société et de l'Etat. Tout ce qui s'appuie sur ces principes est *légitime*, comme tout ce qui s'appuie sur les principes révolutionnaires peut devenir *légal*.

conservateurs et libéraux, mais ne sanctionnant que la liberté renfermée dans la sphère d'action que comporte et délimite le principe d'Autorité, supérieur à la raison de l'homme. Ou ce qu'on nomme les principes de la Révolution : principes philosophiques essentiellement destructeurs, parce que, basés sur la Souveraineté de la créature, ils consacrent toute révolte ou révolution nouvelle, en ce qu'ils découlent à leur source d'une révolte première contre le principe d'Autorité, contre l'autorité même de l'Auteur de la création ; principes dont l'essence libérale se confond avec la licence, et dont l'application est réglée par la fantaisie des masses la dernière à la mode. — Dieu sait en quels lieux et par quels procédés la manifestation de ces fantaisies collectives peut se travailler, se préparer, puis s'exploiter dans une explosion conduite habilement.

Cela doit être ainsi. La Révolution plaçant le principe d'Autorité dans la raison de l'homme, cette dernière est considérée comme la dispensatrice de toute sanction pour l'application du principe. C'est donc à elle que la liberté en

Ne relevant pas plus de l'homme qu'ils ne dépendent des caprices du peuple, les principes de l'ordre social sont la raison d'être des gouvernements légitimes et chrétiens qui en ont le dépôt et la garde. Les lois hum aines fondées sur ces principes, sont un reflet de la Loi divine ; et l'homme n'ayant par lui-même aucun drcit sur ses semblables, l'Autorité qui fait observer ces lois, comme la Justice qui les sanctionne, sont de *droit divin*, puisqu'elles ont leur source en Dieu seul. Par suite, le chef d'Etat qui exerce cette Autorité, et le juge qui applique cette Justice, exercent et appliquent des droits divins.

Pour être légitime, un gouvernement doit exister suivant les lois fondamentales, en vertu du droit traditionnel, constituant le droit public gouvernemental d'une nation, que ne peuvent modifier légitimement, ni les révolutions, ni la force.

Chez quelques peuples, ce droit public est le principe électif. En France, il est le principe séculaire de l'hérédité monarchique, déposée originairement dans une famille par le choix de la nation, maintenue à chaque branche nouvelle par les lois fondamentales et les suffrages publics, consacrée par onze siècles de royauté.

appelle et doit en appeler en dernier ressort, de même que c'est la volonté libre et librement exprimée de l'homme, reconnu souverain, qui dicte et règle seule la limite ou l'étendue de cette liberté, selon la limite ou l'étendue de ses désirs, de ses passions, de ses convoitises.

Ainsi, la raison de l'homme, dans la collectivité des individus : voilà la sanction et le principe même de l'Autorité, suivant nos prophètes révolutionnaires. De même, toujours selon eux, la volonté libre et librement manifestée de l'homme est, dans cette collectivité, la source d'où découle la souveraineté. (1) Où cela mène-t-il, si ce n'est à l'expression finale et rigoureusement logique des principes de la Révolution dans le socialisme le plus outré, parce que c'est en cette exagération qu'il est lui-même le plus conséquent ? C'est là le terme auquel doit fatalement aboutir toute société que travaillent ces principes, car il est leur solution rationnelle et nécessaire.

(1) C'est là l'essence des principes de 89. Aussi, contrairement à ce qu'enseigne l'Ecriture, nos docteurs révolutionnaires admettent — et ils y sont forcés, — que l'état primitif de l'homme a été *l'état de* NATURE. (Il s'agit ici d'un état supposé de l'homme avant toute société, tel que l'entendait J.-J. Rousseau, et que l'enseignent après lui nos libres penseurs et matérialistes modernes ; mais non de l'état de l'homme et de toute société qui, ignorant la loi révélée, ne pratiqueraient que la loi naturelle.)

L'hypothèse de cet état de nature excluant la Révélation et toute législation divine, l'homme est ainsi son seul législateur et sa volonté l'unique base des lois. C'est sur cette pure allégation de l'état de nature, qu'est fondé le principe de l'Autorité et de la Souveraineté, admis dans l'homme comme à sa source, et reconnu dans le peuple comme application. Cette allégation s'impose comme une équivalence inéluctable. Acceptant le principe, il faut accepter la supposition qui lui sert de base ; l'inconséquence, ici, ne serait plus permise : elle détruirait toute l'économie du principe, en détruisant la valeur de l'induction ; elle renverserait entièrement le principe lui-même.

Nous allons voir combien les socialistes doivent être charmés d'entrer, à la suite des révolutionnaires-conservateurs, dans cette nouvelle terre promise, qui fait tressaillir d'espérance leurs instincts niveleurs, leurs appétits *partageux !*

Aucune alternative possible, aucun choix durable en dehors de ces deux ordres de principes, parce que seuls ils sont complets, absolus et également exclusifs.

Toute société qui veut arriver à un état d'équilibre et de repos stables, n'a pas d'autre voie que celle conduisant à la satisfaction complète du principe sur lequel elle repose. Partant de cette donnée certaine, irréfutable, nous pouvons établir le dilemme suivant, comme expression fidèle et vraie des deux faces, seules possibles aujourd'hui, de l'état politique en France : La Monarchie avec les principes traditionnels, et, en elle, la légitimité : la légitimité non-seulement de ses droits, mais encore de tous les droits possibles ; ou la République radicale et ses conséquences les plus désastreuses.

Sur ce terrain, quiconque a l'habitude d'appliquer les principes pour déduire les conséquences, ne nous contredira pas.

Dans l'un des termes de ce dilemme, nous saluons l'aurore de la régénération et des destinées nouvelles de la France ; dans l'autre, nous reconnaîtrions le cachet d'une décadence définitive, nous verrions l'indice irrécusable de l'épuisement de son influence et de son rôle. Il n'est pas nécessaire de posséder le don de prophétie pour dire : la France sera sauvée par la Monarchie à principes traditionnels, — et de cela nous avons une ferme confiance, malgré les dénégations qu'on nous oppose et les allégations contraires, les unes et les autres étant moins sincères qu'intéressées, plus passionnées que réfléchies ; — ou elle sombrera finalement dans la République radicale qui fera table rase de tous les principes conservateurs, entraînée par ce socialisme outré, son expression la plus rationnelle.

En effet, ce ne serait pas longtemps la République d'un Gambetta ; car la terrible logique des frères et amis considérerait tout prolétaire parvenu, dès qu'elle le soupçonnerait d'être conservateur, comme un obstacle à surmonter ou à faire disparaître sur la voie qui conduit à l'application des vrais principes. Et qu'il osât ou non se déclarer ouvertement conservateur, — conservateur, avant tout, du pouvoir escaladé, de la fortune conquise, — cet *obstacle* ne procurerait à la société qu'un très-court repos entre les secousses furibondes des révolutions.

Mais ce serait bientôt la république sociale, à l'état de perfection que rêverait un Saint-Simon, un Fourrier, un Cabet nouveau ; de semblables doctrinaires étant les véritables logiciens des « immortels principes ».

Entre la Monarchie fondée sur les principes qui consacrent la légitimité, et la République radicale fondée sur les principes de la Révolution, en vertu desquels elle aboutit fatalement au socialisme, il n'y a donc point de milieu possible pour la France. Non-seulement la logique des principes, mais, d'accord avec elle, la logique des événements que nous avons vus se dérouler depuis 1789, le démontrent surabondamment. En dehors d'un régime qui s'appuie sur la Tradition, il n'est plus d'ancre de salut pour notre patrie ; elle ne peut espérer ni état de choses stable, ni gouvernement qui dure. Et si nous nous obstinons à repousser l'antique Monarchie, qui, seule, par la nature et le passé des institutions en France, s'appuie sur cet ordre essentiellement conservateur, nous glisserons inévitablement dans l'abîme, sans que personne puisse nous retenir longtemps sur le bord.

On ne veut pas croire que les événements s'enchaînent dans la politique et le gouvernement d'un pays, parce qu'ils découlent nécessairement des principes sur lesquels repose la société (1). On ne tient pas compte des dures leçons du

---

(1) La politique est, en effet, la science de l'application des principes à la conduite des affaires, et non « la science des concessions et des transactions, » comme on se plaît à le dire; — en ce cas, ce ne serait point une science, ce serait tout simplement de l'habileté, l'habileté des tergiversations.

passé ; il semble qu'on n'en garde aucun souvenir ; du moins,
on n'en retire aucun enseignement. Avant les fatales jour-
nées de mars, avril et mai 1871, on n'eût pas crù aux hor-
reurs qui ont signalé la Commune, tant à Paris qu'en
province, et malgré cet avertissement lugubre, on ne veut
encore pas croire à la conclusion qui s'apprête pour cou-
ronner ces prémices.

Cependant, la situation de la France n'est aujourd'hui
qu'une halte sur la voie glissante des révolutions. Cette
situation est fausse, elle n'est pas stable et ne saurait se
prolonger longtemps ; jusqu'ici, on ne l'a maintenue qu'en
accumulant les expédients. Il est temps de mesurer du regard
le chemin parcouru dans cette course insensée où un pas de
plus serait le signal de la chute ; et, après avoir reconnu
l'issue fatale de la voie où nous sommes engagés, il sera sage
de nous demander si nous voulons continuer à rouler sur
la pente au bas de laquelle nous ne trouverons que la ruine
dans l'anarchie.

Rechercher et faire connaître la racine essentiellement
révolutionnaire des principes de 89, les nombreux points
d'attache ou d'appui, les terribles arguments que leur application rigoureuse offre au socialisme, nous a paru le meilleur moyen pour ramener à des sentiments plus sains leurs
partisans inconscients ou aveugles.

Ces partisans sont nombreux : des libéraux égarés, mais
de bonne foi dans l'erreur, des conservateurs inconséquents
dans leurs doctrines, etc. Tous ensemble, oubliant 93, ou ne
comprenant pas comment cette dernière date s'enchaîne

Si, depuis 1789, la politique ne représente plus que cette habileté,
c'est que nos hommes d'Etat, partant d'un principe faux, — la Souveraineté du Peuple, — ont assez à faire de lutter contre ses conséquences désastreuses.

Et ces hommes d'Etat, qui ne veulent pas admettre l'enchaînement
logique des effets aux principes, s'étonnent ensuite naïvement d'être
dominés, puis emportés par les événements !!

à 89 (1), sont, à leur insu, le plus solide soutien du socialisme qu'ils redoutent, avec raison, comme le pire fléau.

II

AUX BOURGEOIS RÉVOLUTIONNAIRES

Bourgeois qui croyez être conservateurs, par cela seul que vous êtes enrichis (2) ; coryphées de l'incrédulité quand il s'agit de la religion, et déplorables jouets de la crédulité la plus vulgaire en politique et ailleurs ; *mercatores*, qui faites litière de tous les principes et feriez argent de tous les sentiments, saurez-vous être conséquents jusqu'au bout ? Vous chantez sur tous les modes la Révolution, et en elle, dites-vous, le progrès ; vous avez accueilli et adopté ses *réformes* (3) sous toutes les faces : réforme dans les principes et dans la pratique ; réforme des principes religieux, des croyances et de la morale ; réforme des principes de la politique et des institutions sociales. Si vous ne

(1) 92 et 93 furent l'explosion des passions démagogiques déchaînées par l'application des principes de 89. La Révolution est impuissante à contenir ces passions, puisqu'elle est précisément le levier qui les soulève. Elle ne peut que les absoudre, elle est toujours invoquée pour sanctionner leurs prétentions les plus iniques. Bien souvent, nous avons entendu des socialistes, jusque parmi les paysans, dire avec un air d'effrayante naïveté (nous citons textuellement) : « En dépouil- « lant la bourgeoisie, nous ne ferons que lui appliquer ce qu'elle a « fait à la noblesse et au clergé, il y a quatre-vingts ans. Et puis- « qu'une loi lui a donné leurs biens, une autre loi nous donnera les « siens. Il ne nous faut, pour cela, qu'une nouvelle révolution qui « complète celle de 89. »

(2) Ne pas appliquer à la classe entière ce qui ne s'adresse qu'aux nombreux personnages dont nous stigmatisons les principes révolu- tionnaires.

(3) Les lecteurs comprendront sans peine que le mot *réforme* a ici le sens que lui donnent les révolutionnaires.

l'avez pas encore prônée ouvertement dans l'institution de la famille, vous absolvez en souriant les entreprises qui attaquent cette base de la société. Montrez aujourd'hui un peu plus de suite pour l'application de vos doctrines ; ces *réformes* que vous avez choyées et patronnées partout, acceptez-les dans l'organisation de la propriété, réformez aussi le mode d'acquérir et la manière de jouir. Non moins rationnelle en principe que toutes les autres, cette réforme se présente à son tour, et s'impose comme leur complément naturel.

Oh ! pour celle-ci, malheur à qui ose y faire allusion ! C'est la crainte seule de cette réforme qui éveille en vous des instincts — nous ne pouvons dire des sentiments — conservateurs ; et dans l'effroi qui vous gagne, ils se développent à l'excès, jusqu'à la fureur même. C'est lorsque vos intérêts matériels sont ainsi mis en jeu, que vous préconisez la répression à outrance et que, sans souci des « immortels principes », vous provoquez, vous applaudissez la suppression des « *droits de l'homme* » et des libertés publiques. — C'est par là que, sans objecter mot, vous accepterez le drapeau blanc, trouvant seulement trop clémentes les mains qui vous l'apporteront. Il est vrai qu'un nouveau 2 décembre ferait mieux votre affaire, car il vous laisserait plus à l'aise avec la morale.

A cela se réduit votre libéralisme conservateur.

Naïfs héritiers et dignes neveux des Girondins, vous vous croyez de force à diriger au gré de ce libéralisme les idées révolutionnaires !.... Demandez à l'histoire si les Jacobins respectèrent les opinions et la vie de vos ancêtres qui, après les avoir déchaînés, se flattaient de les diriger.... Pour vous l'échafaud de 93 n'est donc pas une leçon assez éloquente ? et les Jacobins survivants, devenus les courtisans stipendiés et titrés de César, n'apprennent donc rien à vos illusions libérales ?.... Espérez-vous autre chose de leurs petits-fils ? Vous le savez cependant, ces *républicains,* quel que soit leur nom : Jacobins, montagnards, radicaux, n'ont et ne peuvent avoir que le même but : terroriser et jouir; et s'ils vous suivent aujourd'hui, c'est pour vous anéantir demain.

Bourgeois parvenus ou enrichis, Girondins de toute nuance, têtes fortes du siècle, tous honnêtes, braves et prudentes gens ! pétris de bonnes intentions, — comme l'enfer, dit-on, en est pavé, — qui coulez doucement au socialisme par peur de la Monarchie, et vous efforcez d'arrêter le torrent révolutionnaire, après lui avoir préparé un libre cours en rompant toutes les digues qui pouvaient le contenir, souffrez jusqu'au bout un peu plus de logique !

La liquidation sociale vous épouvante, le mot seul vous effraye, et il y a de quoi.

Mais que pourrez-vous répondre aux bataillons serrés du socialisme ou de l'Internationale, — peu importe le nom, — lorsqu'ils viendront vous présenter la requête, vous tenir à peu près le langage qui va suivre :

CHAPITRE DEUXIÈME

Où mènent les Principes dits de 89

Les Révolutionnaires-Socialistes aux Révolutionnaires-Conservateurs

I

LOGIQUE DES PRINCIPES DE 89

« Nos frères, vos philosophes établissent le principe de l'AUTORITÉ dans la raison de l'homme, — et vous n'auriez garde de les renier. — En religion, vous reconnaîtriez volontiers ce principe dans la raison collective des croyants. En politique, nous le reconnaissons et l'acceptons tous, vous comme nous, dans la raison du peuple ; de même que nous reconnaissons et acceptons la SOUVERAINETÉ dans sa volonté manifestée librement. Et le peuple, c'est le nombre, c'est-à-dire l'ensemble des individus pris en dehors de toute distinction de classes. Or, comptons : nous sommes ce qu'on nomme les masses, et dans les masses le nombre le plus grand, par conséquent, la manifestation la plus importante de la raison et de la volonté collectives de la société, l'expression la plus vraie de l'Autorité et de la Souveraineté nationales (1) ; — tandis

(1) Absolue en principe, la Souveraineté du Peuple doit être effective et devient inéluctable dans la pratique des affaires. Autrement, ce n'est plus qu'une fiction mensongère, une véritable confiscation de l'Autorité et de la Souveraineté au profit des uns, au détriment des autres. Dans

que, d'autre part, nous représentons la justice méconnue et le droit opprimé.

« Non-seulement nous sommes la raison et l'autorité du nombre, mais nous avons encore l'union, la discipline qui vous manquent complétement : ce qui nous permettra de vous imposer notre idéal sans grande lutte. De plus, nous possédons, comme vous, le savoir, les lumières de l'intelligence, — nous allons vous le démontrer au cours de la présente requête, — et nous avons sur vous l'avantage de la logique qui vous fait défaut, tandis qu'elle nous aide à soutenir nos droits dans la revendication que nous allons formuler.

« — Peut-être allez-vous trouver étrange la rupture dont vous menacent vos anciens alliés ; à cela nous répondons : « Jusqu'ici qu'avez-vous fait pour nous ? — Vous nous mettez dans les mains l'étendard de la Révolution afin d'arriver, sous le fallacieux prétexte d'émancipation et de liberté du peuple, à certain but qui, longtemps secret, est aujourd'hui démasqué : le renversement des trônes, des monarchies et des autels, au seul profit de votre domination et de vos idées bourgeoises. Nous sommes alors pour vous les plus fermes et même les seuls soutiens ; en toute occasion, le vrai soldat, le seul donnant dans la bataille. Et après le combat, quel est notre lot ?...

« Parvenus à vos fins, vous vous hissez au pouvoir, et, opérant une habile volte-face, vous montrez notre étendard

cet ordre de principes, la Souveraineté est inhérente à l'homme seul, non à la terre, à l'immeuble, à l'argent. En aucune façon, ces derniers ne sauraient être une garantie de la sincérité de son exercice, parce que, en eux, ne résident pas plus la dignité, l'intelligence et le désintéressement, que la justice, la loyauté et la moralité de l'homme. Et toute combinaison substituant leur souveraineté effective à la souveraineté de l'homme, devenue par là fictive et illusoire, n'est, en dernier mot, qu'une négation habilement dissimulée, il est vrai, mais radicale, du principe même de la Souveraineté du peuple, au profit de la bourgeoisie.

comme un épouvantail, afin de rallier sous votre houlette les intérêts affolés. Vous n'hésitez pas à nous trahir dans la voie des réformes et la marche du Progrès ; vous prenez à tâche d'exagérer aux yeux du monde de prétendus torts qui seraient les nôtres, et vous affectez d'étaler complaisamment *nos* imprudences ; — de cela, nous saisissons parfaitement l'intention perfide. — Puis, rassasiés de richesses et repus de pouvoir, vous nous adressez à tort et à travers, pour nous contenir et nous apaiser, des sermons qui ne seraient que risibles venant de votre part, s'ils n'étaient bien plus imprudents que nos plus grandes maladresses. — C'est tout !

« En d'autres termes, vous multipliez habilement, suivant les circonstances, les évolutions successives autour de deux ordres différents de principes, lesquels s'excluent cependant d'une manière absolue.

« Réfractaires à toute combinaison qui les amalgame, ces principes sont, d'un côté, ceux de la Tradition, conservateurs par excellence, dont vous vous souciez au fond tout aussi peu que nous ; et, de l'autre côté, les « immortels principes », essentiellement révolutionnaires, dont vous prétendez restreindre l'application logique, mais que nous acceptons sincèrement, sans arrière-pensées, dans toutes leurs conséquences.

« En vous voyant manœuvrer avec autant de désinvolture, nous sommes devenus prudents, et laissant à d'autres le rôle de dupes qui ne nous convient plus, nous venons vous sommer de faire droit à nos réclamations.

« Si vous le refusiez, et que nous ne puissions faire triompher notre cause, à notre tour nous vous abandonnerions à vos précaires ressources de défense ; et vous retournant les traits de l'arme qui nous aurait abattus, nous ferions enfin justice de ce fantastique épouvantail que vous agitez comme une réclame en votre faveur, à l'adresse des crédules et des sots : *le retour à la dîme et à la féodalité.*

« Nous aussi, vous dirions-nous, connaissant quelque peu
« l'histoire, nous savons nous pénétrer de ses véritables
« enseignements. Nous aussi, nous savons par qui et com-
« ment le peuple a été affranchi du servage, arraché aux
« étreintes de la féodalité ; par quels moyens l'ancienne
« Monarchie est parvenue à cet immense résultat d'éman-
« cipation et de vraie liberté ; comment elle a favorisé et
« conduit à bien l'établissement et l'indépendance des com-
« munes, et comment elle a su faire la France plus forte en
« la faisant plus une. Nous possédons sur tout cela une
« certaine tradition dont nous ne vous permettrons plus de
« sophistiquer le sens à votre seul profit, en feignant une
« complète ignorance des faits, ou plutôt en étalant une
« érudition de mauvais aloi, outrage au bon sens comme aux
« enseignements les plus véridiques de l'histoire. Et désor-
« mais convaincus qu'il n'y a pas moyen de partager
« avec vous les dépouilles de la Royauté, forcés de recon-
« naître un maitre, nous préférons, sachez-le bien, éclairés
« par l'expérience, l'accepter d'en haut plutôt que d'en bas,
« consacré par les principes traditionnels plutôt que sorti
« du pavé ou ramassé dans la boue des révolutions. »

« En attendant, nous sommes des membres exploités,
lésés, frustrés, de la grande famille humaine. Or, entre
vous et en pareils cas, vous avez vos tribunaux pour y tra-
duire l'oppresseur, l'usurier, l'exploiteur en un mot ; et
vous ne vous abstenez pas d'y avoir recours. Mais vous ne
nous supposez point la naïveté d'attendre une bonne justice
distributive de vos magistrats bourgeois à la nomination
desquels nous, le nombre, nous n'ayons nullement contribué,
et qui seraient tout ensemble partie intéressée aux débats
et juges dans leur cause. De plus, cela coûte ! Donc, il ne
saurait être question de vos propres tribunaux. Nous avons
les nôtres que nous venons d'instituer de par notre autorité
collective, et nous vous appelons à leur barre.... Rendez
compte, nos frères ! nous consentons à une liquidation à

l’amiable, comme il convient entre de bons fils d’une même famille. C’est la justice qui, en nos personnes, le demande ; car, nous vous le répétons, nous sommes le nombre, et, par le nombre, la plus large expression du droit.

« Nous venons, remplis de bonnes intentions et sans rancune, exposer nos griefs et discuter vos objections. — Quel déclinatoire nous opposez-vous ?... Quels moyens de défense faites-vous valoir contre une demande aussi modérée, raisonnable et juste, puisqu’il ne sera pas question de dommages-intérêts ? Cependant, si nous le voulions !.... vous savez que « la propriété..... » ; et comment qualifierionsnous le commerce !...

« Que nous apportez-vous comme objections sérieuses ?

« Vos titres de possession ! — Eh ! gardez-les, vos titres ! Il n’est pas précisément question de cela ; nous ne les discutons pas plus qu’on ne conteste le bois ou le fer de sa caisse à l’exploiteur passé maître en fait de chantage, ou à l’usurier qu’on poursuit pour obtenir restitution. Gardez-les, ces titres ; nous ne saurions qu’en faire.

« La loi ! — De par les « immortels principes » la loi n’est que « l’expression de la volonté du plus grand nombre ». Or, jusqu’ici, qui l’a faite, cette loi ? N’est-ce pas vous : toute à votre avantage et à notre préjudice, au profit de vos priviléges auxquels vous voudriez river notre esclavage ? Puisque nous représentons, en vertu des « immortels principes », l’expression la plus importante de l’autorité collective et de la volonté nationale, comment prétendriez-vous nous imposer le maintien des lois élaborées ainsi qu’édictées par vous seuls, discutées et adoptées, en notre absence, dans une Chambre dont vous nous avez tenus systématiquement éloignés ? Où trouveriez-vous en cette mise hors la loi, d’un côté, et dans la prétention de nous l’imposer, de l’autre, un atome de justice ou de bon sens ? Les plus sincères d’entre vous le reconnaissent : faites sans nous d’abord, vos ois tournent bientôt contre nous ; et fondées uniquement sur notre Souveraineté, elles offrent le curieux spectacle d'être la négation la plus complète de nos droits souverains. Il s'agit de les rendre conformes à la logique des « immortels principes ». Ainsi, toutes vos lois sont à réviser. C'est un chapitre de plus à ajouter au grand livre de la Réforme.

« La légalité ! — Prenez garde, vous allez confondre la légalité avec la « légitimité » réminiscence des principes traditionnels. La légalité que les « immortels principes » ont partout substituée à la « légitimité », est aussi notre arme, puisqu'elle dérive de la loi révolutionnaire, c'est-à-dire de la volonté du nombre.

« Serait-ce le caractère, l'esprit, le principe de la justice que vous invoqueriez ? — Sur ce terrain encore, prêts à discuter avec bonne foi, nous sommes en état d'argumenter suivant la logique des principes de 89.

« Jusqu'ici, afin de sauvegarder vos intérêts, vous avez, contre cette logique, maintenu la base et l'essence traditionnelles de la justice. Nous ne saurions tolérer plus longtemps une telle atteinte à notre Souveraineté.

« Avec les « immortels principes » la justice découle ou procède du droit, si elle le consacre selon les principes traditionnels (1). Or, raison, autorité, jugement du plus grand

---

(1) Elle le consacre par l'autorité qu'elle emprunte à un principe de Souveraineté, d'Autorité souveraine, supérieur à l'homme, et en qui elle a sa source.

Tous les anciens législateurs, les philosophes païens eux-mêmes, l'ont hautement proclamé ou implicitement reconnu : le principe d'Autorité comme celui de Souveraineté, l'origine du droit, la source de la justice, tout ce qui sanctionne la loi, est en la Divinité et découle d'elle. Pour eux, supprimer la Divinité (les dieux chez les païens) équivalait à supprimer l'autorité, le droit, la justice, la souveraineté, et même la vertu des lois. Mais le XVIIIe siècle, travaillé par la manie philosophique de vouloir en toutes choses tout changer, a effectivement renversé tout cela, et notre XIXe siècle, le siècle des lumières, s'est empressé de se mettre à sa remorque. Qu'a-t-il à faire de remonter jusqu'à Dieu ? c'est chose bonne pour les esprits faibles, nos esprits

nombre : nous sommes l'unique source de la justice, et seuls nous devons lui dicter ses arrêts, puisque notre collectivité souveraine fait de nous l'expression la plus importante, et par là même la plus vraie du droit révolutionnaire. Ainsi rétablie sur ses véritables bases, la justice sanctionne toutes nos réclamations.

« Si vous aviez la prétention d'invoquer un droit supérieur à celui du nombre, nous ne pourrions voir là qu'une invocation de priviléges sans raison d'être et que rien ne saurait désormais consacrer, car ils n'auraient point la sanction de la raison pure. Ce ne serait plus qu'un simple mirage, un ressouvenir des principes de l'ordre traditionnel que vous invoqueriez en vain, puisque, en réalité, nous avons tous ensemble abandonné cet ordre, lors de l'avénement — glorieux, dites-vous, — de la Révolution. Il ne saurait donc plus nous régir par une application contradictoire de ses principes.

« Voilà tout ce qu'en droit strict vous avez à nous opposer ! C'est trop peu ; vos moyens de défense sont dénaturés

forts de la science, se passent, eux, très-bien de la Divinité, et s'arrangent parfaitement de la raison de l'homme.

Dès lors, le droit ne pouvant trouver sa consécration que dans une Autorité souveraine, ne la puisera que dans la raison. Et les doctrines révolutionnaires excluant la source divine de la Justice, celle-ci ne saurait, pas plus que le droit, s'élever au-dessus de cette même raison ; à moins que, par une inconséquence absurde, par une contradiction choquante, qui serait aussi un blasphème, on ne veuille faire de la Divinité une humble préposée destinée à homologuer, par son approbation docile, les actes, les décrets, la législation de la raison de l'homme, Souveraine, elle, et suprême législatrice.

Autorité, droit, justice : la raison est ainsi l'origine de tout cela. Mais la justice ne peut exister ici, et on ne saurait en comprendre l'idée et son application, indépendamment du droit, tel que le formule la raison souveraine. La Justice dérive donc du droit, n'étant plus, en dernière analyse, dans son essence et sa notion première, que la satisfaction même du droit voulu par la raison : elle représente ce droit satisfait ou demandant à l'être.

par l'antithèse , pleins de sophismes et vides de sens commun. »

II

LE SOCIALISME CONSÉQUENCE DES PRINCIPES DE 89

« Voulez-vous connaître nos intentions ? Malgré les défiances qu'elles éveillent, elles sont bonnes, sincères, en ce que nos revendications sont toutes fondées sur des principes par vous admis. En effet, nous ne faisons que nous conformer aux préceptes qui dérivent de ces principes. Et, à moins que vous ne portiez l'inconséquence jusqu'à la mauvaise foi, vous ne trouverez pas répréhensible, vous reconnaîtrez même, parfaitement raisonnable que, appliquant ces principes dans le domaine des droits de l'homme et des rapports sociaux, nous cherchions à en faire passer toutes les conséquences dans l'ordre social, comme déjà vous les admettez, tant en pratique qu'en spéculation, dans l'ordre politique et l'ordre moral.

« Il ne sera pas ici question de l'honnêteté ; nous ne saurions être plus scrupuleux que vous-mêmes. Mais vous connaissez la raison du « fait accompli », et vous savez que : « La fin justifie les moyens. » (1). Or, nous aussi, nous pouvons dire : La fin voulue par nous est bonne, donc les moyens que nous emploierons pour l'atteindre ne sauraient être condamnables. D'ailleurs, si vous tenez absolument à

---

(1) Cette maxime se lie étroitement à la raison du *fait accompli*. L'une et l'autre dérivent du principe révolutionnaire, et la morale de la doctrine catholique les condamne toutes les deux. Mais nos apôtres libres-penseurs, s'empressent de professer ce qu'ils nomment la morale *effective* ou *indépendante*, laquelle, moins exigeante, les admet l'une et l'autre dans son code. Nous laissons à penser si les révolutionnaires-socialistes adoptent avec moins d'empressement ce semblant de morale, où leurs appétences peuvent se mouvoir très à l'aise :

une autre consécration, nous ferons passer cela au *fait accompli*. Alors, ainsi que vous-mêmes savez aujourd'hui le faire entrevoir judicieusement, nous vous jetterons à la face, comme perspective rassurante, la nécessité d'une nouvelle révolution pour le détruire.

« Cherchant à nous exclure des scrutins, vous nous reprochez sans cesse ce qui existe, hélas ! indépendamment de notre bonne volonté, savoir : notre manque de domicile fixe, ou, comme vous vous entendez si bien à le dire, notre qualité de travailleurs « nomades ». Ouvriers du labeur, nous sommes en effet contraints de nous transporter successivement d'un lieu à un autre, partout où est le travail, afin de gagner notre pain en remplissant la tâche qui nous incombe. Pour philanthropique consolation, voudriez-vous donc nous flétrir de cela comme d'une indignité, nous l'imputer comme incapacité d'exercer nos droits politiques ?

« Nous savons qu'il vous serait agréable de nous dire avec ironie : « Travaillez, nos frères ; nous penserons, légiférerons, cumulerons, festoierons et danserons pour vous. » Mais où est la justice, la raison pour nous interdire les urnes ? Prétendriez-vous substituer à la Souveraineté du peuple la souveraineté de fait des classes qui possèdent ? — Sur quoi se baserait une semblable négation des « immortels principes ? » — L'intelligence et la dignité seraient-elles les prérogatives d'une fortune ou d'une aisance aux origines souvent équivoques ? — Cessons - nous d'appartenir à la France ? — Sommes-nous des étrangers pour la nation ? — Ne nous impose-t-elle pas toujours et partout l'accomplissement de nos devoirs de citoyens ? Et la manière dont s'administrent les affaires et se discutent les intérêts du pays peut-elle nous être indifférente ?

« Nous exigeons donc le droit absolu aux urnes ; comme, au nom des libertés que comporte notre nature ou qui dérivent de notre autorité souveraine, nous exigeons la jouissance non moins illimitée du droit de réunion et d'association, pour concerter et défendre nos intérêts, non les plus *légitimes* : — pas plus ici qu'ailleurs, le Progrès n'admet la «légitimité», — mais les plus naturels. Et c'est la moindre de nos revendications !

« Non contents de nous reprocher notre servage dans le travail, vous nous objectez encore notre pauvreté. Suivant vous, nous sommes « irresponsables » autant que « nomades », car le pain ne nous est pas plus assuré que le logis ! C'est bien vous qui le dites, gens raisonnables, charitables et prudents !.... Ce n'est que trop vrai !....

« Or, tout ce que vous nous reprochez et nous rappelez ainsi, cherchant avec injustice et déloyauté à vous en faire une arme politique contre nous, tout cela est profondément triste : nous le sentons avec plus d'amertume et le déplorons plus sincèrement que vous.

« Mais si dans tout cela se révèle un certain acharnement de la mauvaise fortune, nous y voyons surtout l'inévitable résultat d'une répartition trop inégale des produits du travail. C'est pénible pour tous, immoral peut-être à vos yeux, et bien plus encore aux nôtres. Nous sommes résolus à rétablir à notre profit l'équilibre détruit en votre faveur, nous emploierons, s'il le faut, les moyens les plus extrêmes, les cent voix de la Renommée ont dû vous le redire plus d'une fois. Nous sommes las de vos dédains injurieux qui outragent notre dignité et révoltent nos consciences, et nous connaissons la valeur de vos sentiments de philanthropie philosophique Depuis assez longtemps, nous travaillons uniquement pour vous enrichir, il est urgent de procéder enfin à la liquidation.

« Nous ne possédons pas un lot de la terre que nous avons tous — et les bêtes l'ont comme nous — le droit de fouler aux pieds. Cependant, selon la LOI DE NATURE, avec et de par le droit de vivre, nous avons le droit de la cultiver à notre profit, chacun suivant nos besoins ; — de même que les animaux, pour apaiser leur faim, ont le droit d'y brouter 'herbe tout à leur aise.

« Vous seuls nous avez amenés à reconnaître cette loi de nature. C'est en vous suivant dans la voie des principes nouveaux, que nous avons comme vous perdu la trace des principes de la Tradition dépositaire de la Révélation et, dans cette dernière, des devoirs imposés à la créature par le Créateur. Adeptes convaincus du Progrès dont vous avez été auprès de nous les commentateurs autorisés et les propagateurs infatigables, nous ne pouvons admettre et pratiquer que la loi de nature, puisque la logique des « immortels principes », en cela d'accord avec vous, place dans l'*état de* NATURE le point de départ de l'homme.

« Réduits à chercher la première notion du droit dans le cercle de cette loi qui désormais remplace la loi de Dieu, naturellement, rationnellement, nous invoquons les *droits* NATURELS, dont les lumières seules nous éclairent aujourd'hui. C'est ainsi que nous revendiquons comme un droit de cet ordre, c'est-à-dire inhérent à la nature de l'homme, par là imprescriptible et inaliénable, le droit de jouissance de la terre, au moyen d'une nouvelle réglementation du droit de culture ; — nous ne disons pas, remarquez-le bien, du droit de propriété, car il ne saurait plus exister individuellement : selon la loi de nature, la terre appartient à tous ses habitants en général ; elle n'appartient pas et ne peut appartenir à quelques-uns plus particulièrement ou comme propres biens.

« Nous le nierez-vous, ce droit de cultiver, qui dérive de celui de vivre, suivant la loi de nature, vous tous qui en vos doctes billevesées nous faites passer, dans nos premiers parents, par l'état de nature, et même par celui de la bête ? Comment nous enlèverez-vous ce droit, insatiables, dominateurs ? Et vous, savants docteurs de la loi, comment se fait-il que vous l'oubliiez si vite ? Qui vous l'a vendu, ce droit ? dans quel office en a été conclu le marché et passé la vente ? qui l'a signée, cette vente ? où, quand, comment en avez-vous donné et en avons-nous reçu le prix ? Et, en toute justice, qui, par un infâme trafic, nous dépossédant d'un droit naturel, aussi inaliénable que notre Souveraineté, aurait eu le droit de le vendre ou de l'acheter ?

« Vous avez vous-mêmes reconnu d'avance la justesse de notre argumentation en abolissant, au nom de la Souveraineté du peuple, la « légitimité héréditaire » du gouvernement. Par respect pour vos propres doctrines, nous ne pouvons permettre que, plaçant vos intérêts en contradiction avec ces doctrines, vous prétendiez maintenir, malgré nos droits naturels, la « légitimité héréditaire » du capital et de la propriété.

« A la communauté seule nous reconnaissons le droit de posséder. C'est la voie que vous nous avez ouverte lorsque, inaugurant la marche du Progrès par une application restreinte, il est vrai, des « immortels principes », vous avez imposé à la Maison de France, au profit politique de la communauté, la restitution d'une couronne que les lois et les siècles lui avaient donnée en propriété : propriété qui lui coûtait chaque jour son dévouement, ses travaux, son sang, et dont le prix magnifique, complétement acquitté en 89, s'appelait l'unité nationale, l'affranchissement du peuple. Aujourd'hui, cette communauté, heureuse de vous appliquer vos « immortels principes », exige à son profit social la restitution de vos propriétés individuelles, négation de son droit de culture, comme la propriété héréditaire de la couronne était la négation de son droit de souveraineté. Quels scrupules tardifs vous interdiraient donc de marcher hardiment avec nous, selon la pure logique des « immortels principes » ?

« Ces « immortels principes » nous ayant appris à connaître la loi et à revendiquer les droits de nature, nous venons à notre tour vous présenter, dans un tableau de cet ordre, le meilleur plan d'une bonne forme de gouvernement, telle que la pratique un peuple sage, une ruche d'abeilles, qui s'entend mieux que nous à organiser le travail au moyen d'une répartition bien équilibrée d'emplois et d'offices. Vous ne

.trouverez là point d'inutiles, d'accapareurs ou d'oisifs : chaque membre de cette république animale a sa tâche particulière dont il s'acquitte de son mieux, au seul profit de la communauté ; et chaque membre encore ne puise au trésor commun que suivant ses besoins. Guidés par un instinct plus sûr pour eux que ne l'est pour nous la raison *trop développée*, ils s'accordent admirablement à maintenir un ordre parfait d'harmonie, tandis que nous, de même que les ouvriers de l'antique Babel, nous allons bientôt ne pouvoir nous entendre.

« Nous appuyant sur cet exemple, nous exigeons le partage du gîte, de la nourriture et du travail ; nous revendiquons, au nom des « immortels principes », notre part naturelle du gâteau que compose journellement le produit de nos sueurs et de nos peines. Quant aux bases de ce nouvel ordre de choses, nous les trouvons encore posées par vous :

« Vous avez fait de cette abstraction : l'état, un être collectif qui absorbe tous les droits et représente l'unique autorité. Vous l'avez substitué aux droits de Dieu sur la société ; vous l'avez créé seul arbitre légal du devoir, du droit et de l'enseignement ; de par vous, la raison d'Etat prime toute autre considération ; de par vous, la volonté de l'Etat détruit les droits « légitimes » de l'Eglise et de l'individu.

« Nous n'aspirons qu'à terminer une œuvre si bien commencée, en remettant à l'Etat l'unique chose que vous ayez *oubliée* : la propriété et le capital ; en le chargeant de distribuer à tous ses membres le travail et le pain quotidien, de même que vous l'avez chargé de distribuer l'instruction publique. Notre Etat commanditaire du travail et hôtelier des citoyens, n'est que le complément obligé de votre Etat maître d'école : il sera le suprême degré de la « civilisation moderne ».

« Achevons donc l'édifice de notre société sur le modèle de cette république d'abeilles où nous trouvons si bien traduite la véritable expression des sentiments de justice et de fraternité dont citoyenne Nature nous fait un devoir, puisqu'elle en offre l'exemple à notre admiration.

« Alors, vous n'aurez plus à nous reprocher notre pauvreté, non moins honorable que votre richesse ; car l'une s'enchaîne à l'autre comme l'effet à la cause qui le produit : l'une comme l'autre résultant d'une répartition trop inégale des produits du travail.

« Ce mode de répartition est souverainement injuste, en ce que, nous atteignant, il lèse l'expression collective la plus importante du Peuple Souverain. — « Et nos capitaux ? » allez-vous nous objecter. — D'où sortent-ils, ces capitaux, sinon de la même source ?

« Assez de raisons creuses. Que désormais l'Etat, seul gérant du capital, de la propriété et du travail de la communauté, vous impose une tâche égale à la nôtre ; qu'il nous distribue ces logis, dont nous avons manqué trop souvent, pour nous abriter nous et nos familles, notre part des produits de la terre comme des produits du travail, — celle qui nous revient de droit naturel, en vertu du droit de vivre, le plus sacré de tous ; — notre part, calculée sur les besoins du nombre, des réserves en général, pécuniaires et autres, que les efforts de tous ont amassées, réalisées, et que vous seuls accaparez ; enfin qu'il nous assure l'exercice de notre part naturelle de souveraineté et d'autorité politiques : voilà qui fera mieux notre affaire que vos sermons philanthropiques et vos semblants d'empressement humanitaire.

« Si vous acceptez ce couronnement des « immortels principes », nous vous promettons avec l'oubli de tous griefs le baiser de réconciliation. Alors, entente, ordre, harmonie, confiance, prospérité : tout sera pour le mieux dans la meilleure des républiques, d'où seront bannies la misère, l'injustice, la défiance, la désunion....

« Cela ne durerait pas, dit-on ; c'est ici une erreur complète. Il n'y aurait plus moyen ni raison de recommencer ;

ce serait la clôture des débats, la véritable terminaison du cycle de la Révolution, sa solution rationnelle dans le seul ordre durable qu'elle puisse procurer. Une fois l'ordre social établi sur ces bases, il ne resterait qu'à ramener les mutins à la raison ; et comme nous n'aurions affaire qu'à des membres tarés ou paresseux, ce ne serait ni si difficile, ni si délicat. En ces occasions solennelles, nous vous montrerions combien nous saurions résolûment protéger, le bâton et le fusil aidant, les droits de la communauté !... Regardez la ruche, si cela dure !... et comment on s'y prend pour maintenir l'équilibre, l'ordre, l'harmonie !... Autrement, nous ne serions plus qu'une république de singes. — Il est vrai que certains de vos savants vous les donnent si souvent pour ancêtres !!...

« Vous acceptez ?... Non !... Vous refusez ! et repoussant cet excellent moyen de nous réconcilier, vous préférez trancher violemment le nœud de la difficulté survenue entre nous ! Eh bien, soit, laissez s'accumuler l'orage ; mais permettez que, forts de nos droits naturels, nous nous préparions à faire triompher notre revendication en entreprenant la campagne d'une liquidation forcée. »

III

INCONSÉQUENCES DES PRÉTENDUS LIBÉRAUX-CONSERVATEURS

« Continuons, nos frères, d'épuiser la liste de nos démêlés. De même que vous ne voudriez pas nous admettre au partage des fruits de la terre et de la somme totale des bénéfices du travail, de même il vous serait agréable de ne pas nous admettre à partager le pouvoir, l'autorité, la souveraineté. Sur ce point, nous allons discuter vos nouvelles objections et démontrer qu'elles n'ont aucune valeur. — Auriez-vous d'autres motifs secrets, et n'oseriez-vous les avouer ?

« Du moins pour la forme, il s'agit toujours de faire valoir cet argument : que ne possédant rien, nous n'avons pas la qualité de conservateurs comme garantie de sagesse dans nos votes. — Comme s'ils étaient plus insensés que vos votes libérâtres ! car la fortune seule ne donne pas la sagesse, vous nous le démontrez chaque jour.

« Sur ce, par une argumentation dont toutes les propositions sont fausses, et qui serait tout au plus une habile sophistique, vous bâtissez une singulière théorie de responsabilité et d'irresponsabilité, dans laquelle vous faites figurer en opposition formelle ce qu'en nous vous appelez des « nomades irresponsables », et en vous les « citoyens conservateurs responsables ». Or, ce qui nous rendrait conservateurs, nous le réclamons à cor et à cri, et, pour l'acquérir, vous nous refusez les seuls moyens possibles parce qu'ils sont les seuls pratiques. Par là, votre intention se révèle bien évidente : nous river à la pauvreté, afin de nous river au servage. Et vous parlez de liberté !... Liberté pour vous, oui ; mais pour nous, non.

« Comment se peut-il que, incapables lorsqu'il s'agit d'exercer nos droits politiques, nous redevenions capables, dès qu'il faut remplir les devoirs de citoyens ?.... Responsabilité et capacité par ci, irresponsabilité et incapacité par là, à votre guise, selon vos caprices et l'exacte mesure de vos intérêts seuls ; égalité devant la loi, lorsqu'il s'agit de l'observer, et dans le devoir quand il faut le remplir ; mais inégalité dans le droit ; exclusion, mise hors la loi, lorsqu'il est question de coopérer à son élaboration : voilà, raisonneurs sensés, penseurs profonds et logiciens sérieux ! une admirable combinaison pour guérir notre pauvre société malade ! Ce serait à désespérer du bon sens, si vous possédiez un talisman qui puisse vous faire prendre au sérieux !

« Quels autres motifs plus valables.... ? nous y voici. Nous manquons, dites-vous, d'intelligence, de lumière, de prudence et nous ne savons au juste de combien d'autres qualités précieuses, indispensables si nous voulons exercer les droits de citoyens, mais inutiles s'il s'agit d'en remplir les devoirs. Passons sur cette énorme inconséquence et abordons ces objections. C'est toujours de votre part le même procédé fraternel : à nous, tous les défauts et tous les vices, comme à vous toutes les vertus et toutes les qualités. Vous êtes, dites-vous, la prudence, et nous l'imprudence ; vous, la droiture et la modération, et nous la violence et l'intrigue ; vous la sagesse, et nous la folie incarnée ! — Voyons, raisonnons un peu.

» Lesquels d'entre nous, déplaçant le principe d'Autorité, ont les premiers ébranlé la base solide sur laquelle reposait la société ? Qui a inventé le dogme de la Souveraineté du peuple ?... Ah ! la jolie lumière, gens instruits et prudents par excellence ! la bonne nouvelle que vous avez apportée au genre humain ! — Et son émancipation !... encore un mot charmant qui énonce de bien belles choses ! Il est vrai que l'une et l'autre, la chose et le mot, vous cherchez aussitôt à les confisquer, afin d'en profiter seuls. Arrière le prolétaire, l'esclave, le paria ! point de place au conseil de famille pour le membre qui n'a pas su s'enrichir ! — La belle morale ! et comme elle remplace bien celle du christianisme que vous avez la prétention de réformer !

« Lesquels d'entre nous, sapant tous les principes conservateurs, ont les premiers soutenu et célébré la Révolution ? — Il est vrai que vous la reniez en son application la plus logique : la manière d'acquérir, de posséder, de jouir !

« Lesquels ont les premiers courtisé, applaudi, mis à la mode les philosophes du xviiie siècle ? quels ont été les plus fervents adeptes, les plus infatigables propagateurs du scepticisme voltairien et du matérialisme scientifique ? à qui appartiennent-ils ceux qui nous apprennent par leurs exemples, leurs écrits, leur enseignement, la négation des droits, de la loi et de l'existence de Dieu ?

« Lesquels d'entre nous ont fondé, propagé, soutenu les

sociétés secrètes contre l'autel et le trône, nous donnant ainsi l'idée de l'Internationale contre nos « oppresseurs » ? — Lesquels ont tout ensemble aboli l'hérédité et confisqué la propriété de la couronne, sans s'apercevoir qu'en supprimant la « légitimité » dans l'ordre politique au nom de la Souveraineté du peuple, ils la supprimaient en même temps dans l'ordre social, de par l'*état de* NATURE, seule base de cette souveraineté ?.....

« N'admirerez-vous pas avec nous combien a été grande ainsi qu'intelligente l'obstination des vôtres à consommer le travail de destruction de l'ancien édifice social ; cela, tout à notre profit ! Jusqu'ici, leur admirable adresse à s'acquitter de cette tâche nous a permis d'attendre l'heure propice en suivant avec un étonnement satisfait vos ouvriers qui accomplissaient notre besogne. Il est vrai que nous les avons encouragés par des applaudissements non marchandés, assistés de nombreuses descentes dans la rue, et payé presque seuls la dette de la justice. Mais, grâce à eux, nous n'avons aujourd'hui qu'à modifier à notre avantage le plan du couronnement définitif.

« En résumé, vous *les prudents et les sages*, vous avez substitué aux principes de la Tradition les « IMMORTELS PRINCIPES DE 89 », ainsi que vous excellez à les qualifier, et vous appliquez leurs premières conséquences. Nous *les déraisonnables*, nous ne faisons que déduire jusqu'au bout ces conséquences, et nos réformes sociales ne sont que le couronnement logique de vos réformes politiques et religieuses.

« Faites un retour sur vous-mêmes. Ne ressembleriez-vous pas à ces idoles desquelles le Psalmiste a dit : « Elles ont des yeux et ne voient point » ? — et, pourrions-nous ajouter à votre intention : une intelligence, et ne comprennent pas ; une raison, et raisonnent faux, parce qu'elles raisonnent sans logique.

« Nous le savons, cette logique vous exaspère. Notre présence aux urnes dérange vos plans, comme elle vous gêne au festin ; vous seriez heureux de nous en voir éloignés : expédients et prétextes ne feraient pas défaut à vos esprits fertiles. Mais, pour nous éliminer, il faudrait avant tout nous dépouiller de notre dignité d'homme et de nos titres de citoyens ; et c'est ici que la raison, la logique, la justice vous manquent. Elles deviennent entre nos mains des armes terribles contre vous. — Arrière, prévaricateurs égoïstes ! place au pouvoir que vous avez usurpé et que vous prétendez détenir en en confisquant à votre profit tous les bénéfices !..... »

CHAPITRE TROISIÈME

I

DEPUIS 89

Les « immortels principes » ne sont pas seulement la négation de l'ordre social ; ils sont aussi la destruction de l'ordre politique : l'histoire de notre malheureux pays nous le crie depuis un siècle.

Dans ses essais opiniâtres de rénovation sociale et de reconstitution politique sur les flots agités des principes de 89, la France a toujours échoué sur des écueils, lorsqu'elle croyait trouver le port. Sachons enfin reconnaître dans ces funestes expériences la conséquence et le châtiment de nos principes révolutionnaires. Et que les aveux qui s'échappent, les vérités qui se révèlent au milieu de cet enchaînement de faits, ne soient plus perdus pour nous.

Bien souvent nous avons essayé de fixer les destinées nationales par des régimes fondés sur les principes de la Révolution : que sont-ils devenus ? — Le souffle puissant d'un nouvel orage a tour à tour abattu ces édifices fragiles élevés sur un sable mouvant.

— Au commencement de ce siècle, lasse des saturnales révolutionnaires, la France se réfugiait dans la gloire : l'holocauste en fut sanglant, la fumée passagère ; l'épopée impériale se termina par l'invasion et l'amoindrissement de notre territoire comme de notre influence.

Cependant la Maison de France, dont les destinées se

trouvaient de nouveau liées à celles du pays, lui rendait rapidement sa puissance et son rang. Mais « c'est l'étoile de notre nation de se lasser de son propre bonheur » (La Rochefoucauld) ; et, loin de renier leurs funestes doctrines, les fils de 89 et de 93, insurgés contre la légitimité du Droit, lui opposèrent avec furie le principe révolutionnaire. Un accès de vertige libérâtre, terminant cette lutte insensée, brisa l'autorité salutaire qui seule pouvait assurer la sécurité, la paix de l'avenir : 1830, installant la Révolution au gouvernail, nous abandonnait aux troubles civils et aux périls des gouvernements d'aventure. .

Avide de gloire éclatante et de liberté sans frein, la France acclamait naïvement la dynastie du *juste-milieu*, qui remplaça la gloire par l'agio, la liberté par la licence, l'honneur par l'intérêt.

Issue d'une victoire des « immortels principes », la dynastie orléaniste, impuissante contre la logique révolutionnaire, ne put vivre que d'expédients. Pour gouverner, elle démoralisait : si le trône constitutionnel n'en fut pas consolidé, les doctrines anti-sociales y trouvèrent un appui, et le jour où la Révolution le voulut, elle jeta bas cette royauté équivoque qui ne lui était plus nécessaire.

Indigné de ne trouver dans cette fantaisie constitutionnelle rien de grand, de chevaleresque ou de généreux, le peuple accueillit sa chute bien méritée par une indifférence dédaigneuse. Mais en même temps, il retombait en pleine anarchie révolutionnaire, et les « dernières couches », produit spontané du règne de Louis-Philippe, réclamaient le partage au nom de leur Souveraineté.

Effrayée de l'évocation du spectre rouge, la France ne demanda qu'à remettre à un dictateur la direction du char qui l'emportait sur la pente de l'anarchie. En se donnant un maître, elle ne pensait qu'aux intérêts matériels devenus sa plus chère préoccupation, et, sans abandonner les «immortels principes », entendait être protégée contre leurs conséquences.

Singulier mélange de démocratie malsaine et de despotisme césarien, l'Empire, que recommandait la *légende* de Napoléon Ier, et qui se prétendait l'organisateur de la Révolution, était tout désigné au choix de cette France. Elle accueillit comme un sauveur le héros des équipées de Strasbourg et de Boulogne, et lui prodigua confiance, trésors, obéissance, heureuse d'acheter une sécurité factice au prix de la servitude.

Pendant qu'une prospérité dont on ne voulait voir que les côtés flatteurs, semblait sanctionner ce choix, Napoléon III, qui avait pour tout génie une froide impudence et ne recevait ses inspirations que de son intérêt personnel ou de ses fantaisies nébuleuses, Napoléon III, emblême vivant, jouet et finalement dupe des combinaisons machiavéliques, entouré d'une meute avide de plaisirs, de pouvoir, de fortune, préparait au peuple qui l'avait élu, un châtiment terrible. Les folies de sa politique, essentiellement contraire aux intérêts nationaux, servaient à souhait les ennemis de la France. Se résumant en deux mots : corruption, servilisme, le régime impérial continuait en grand l'œuvre de la démoralisation populaire, détruisait ou frappait de stérilité les vertus civiques, et désorganisait l'armée française. Le gouvernement ne pouvait rien opposer aux progrès des partisans déclarés de la Révolution, puisqu'ils s'appuyaient sur le même principe que Napoléon III ; et, chargé de museler le socialisme, celui-ci le développait à plaisir.

— Une preuve entre beaucoup d'autres : Napoléon III favorisa l'établissement, puis l'extension de l'Internationale qu'il espérait exploiter au profit de sa popularité parmi les ouvriers, comme il l'exploita en faveur de son pouvoir parmi les bourgeois. —

La France ne voulut rien savoir, rien comprendre. Lorsque des voix *honnêtes* et courageuses stigmatisaient l'entourage, le gouvernement de César, on savait bien leur « imposer silence ». Lorsque des voix prophétiques s'effrayaient de la désorganisation intérieure ou dévoilaient les dangers de l'avenir, on riait de leurs vues chimériques. Contre un accès de Révolution, contre une provocation de l'étranger, la France n'avait-elle pas le sabre impérial !....

Le coup de foudre de Sedan dissipa ces illusions. Prospérité, puissance, sécurité : tout s'évanouit en même temps. L'invasion et la Révolution triomphante : tel fut le couronnement de l'Empire.

Profitant de nos revers, les chefs de file des révolutions s'étaient rués à l'assaut du pouvoir. Ils nous promettaient la liberté, et, dans la liberté, *res Francorum per Francos* ; mais ils ne surent que nous faire subir la plus humiliante des dictatures : celle de la présomption et de l'incapacité. Les secondant dignement, leurs acolytes mirent le comble à nos désastres par leurs capacités administratives, leur habileté dans la dilapidation des deniers publics, et leur essai sanglant de la Commune, abrégé des joies que le socialisme nous réserve !

Hier, les destinées de la France étaient confiées à l'un des gouvernements personnels les plus absolus et les plus impérieux, dont l'illustre chef n'était autre que le champion en titre du parlementarisme constitutionnel, amère ironie !!!

Chargé de reconstituer une France nouvelle, cet illustre chef ne défendait et n'aurait voulu employer que les moyens les plus routiniers, rehaussés, il est vrai, par d'amusantes prétentions : — *J'ai dit, j'ai fait ; j'ai organisé , vaincu et sauvé !* — L'armée, la représentation légale et le généreux empressement du pays comptaient peu, à ses yeux, dans l'œuvre de la défaite de la Commune et de la libération du territoire. Lui seul : c'était assez !!!

Mais ce dont on ne se vante pas et ce que dira l'histoire, c'est l'œuvre égoïste, immorale, antipatriotique de M. Thiers dans une Assemblée ne comptant de prime abord que des hommes de bonne volonté et point de partis. Elle dira par quelles intrigues et quelles roueries le vieux parlementaire, sans souci de la France, a réveillé et divisé ces partis, afin de les dominer au moyen de l'antagonisme indignement fomenté entre eux. Elle dira que ces manœuvres ont seules rendu inutile la volonté de l'Assemblée de refaire la France, et frappé de stérilité toutes ses généreuses tentatives

Il est juste d'ajouter que la politique de compromis et d'expédients de M. Thiers permit aux « dernières couches » de travailler à leur aise, malgré la répression de 1871, à préparer leur avénement, et de marcher sans crainte vers le but avoué de leurs aspirations.

Aujourd'hui, nous jouissons d'une trêve forcée que le moindre incident peut rompre. Où irons-nous après cette trêve que la Providence nous accorde comme un dernier et pressant avertissement, et dont les minutes sont comptées dans ses décrets éternels ?....

II

LA RÉPUBLIQUE CONSERVATRICE

Tel de nos gouvernants avait, historien, déclaré absolument impossible en France la République modérée, et infligé à ses courtes apparitions les épithètes d'imbécile ou de sanglante. Mais, par une malicieuse ironie du sort, cette république ayant élevé sur le pavois son contempteur, ce dernier, subitement converti, nous l'a présentée comme le palladium de notre société, le *nec plus ultrà* de la sagesse en politique.

Avec un ensemble touchant, les moutons de Panurge, si nombreux en France, s'empressèrent d'imiter cet exemple : pour eux, la République est actuellement la panacée politique et sociale.

A la suite de leur illustre modèle, ils nous affirment que la proclamation et l'organisation de la République sont les

seuls moyens de désarmer ét de satisfaire les haines sociales !! — oui, en leur donnant l'arme légale qui doit amener
leur triomphe.

Avec une conviction naive, ils nous répètent : « La République est ce qui nous divise le moins. » — Loin d'être
rapprochés, réconciliés par cette république, les divers partis
ne sont-ils pas plus acharnés, plus hostiles, plus nettement
séparés et intolérants ?.... Le parti républicain lui-même
est-il donc si étroitement uni ? et ses trois fractions : parlementaire, démocrate et démagogue, peuvent-elles avoir
l'unité de tendances et de but, si ce n'est en paroles ?

De toutes les formes de gouvernement, la République est
par elle-même celle qui offre le plus de difficultés et présente le moins de garanties. Sa direction, son mode et son
chef ne reposant que sur les hasards d'un vote, rien ne protége les principes traditionnels, rien n'assure la stabilité
contre les passions ou le bon plaisir d'une majorité.

Bien près de l'anarchie, la République exige, pour ne pas
verser dans la Révolution ou le despotisme, des qualités qui
ne sont point celles des races latines. Aussi, contre cette
idée de République protestent le génie et l'histoire de la
France.

Notre caractère national est incompatible avec la véritable
forme républicaine, et nos mœurs héréditaires en sont une
négation radicale.

La République nous a toujours conduits par le désordre,
les massacres, la guerre civile, à la servitude, et ses hauts
faits, écrits en lettres de sang et de feu, s'appellent 93, 48, 71.

On s'est flatté d'effacer ces sinistres souvenirs, de mettre
la République en harmonie avec le naturel français, et de la
rendre inoffensive aux yeux des classes qui possèdent, en
colloquant à son nom un simple adjectif : la RÉPUBLIQUE *conservatrice* ! On n'a réussi qu'à produire une réjouissante
antithèse. En effet, conservatrice de quoi ? en vertu de quels
principes ?

En France, la République ne peut se fonder que sur les « immortels principes. » Appuyée uniquement sur le droit révolutionnaire, il lui est interdit de garantir les droits légitimes. N'ayant d'autre source que la Souveraineté du peuple, elle n'a pas le droit de résister à ses conséquences. On aura beau la qualifier de *conservatrice*, elle sera toujours la RÉPUBLIQUE ; et la République française, fille chérie de la Révolution, ne peut l'arrêter sur la pente de sa logique. Ils le savent bien, les socialistes et les radicaux, aujourd'hui adhérents de cette République *conservatrice* : le char du progrès révolutionnaire aura bientôt franchi ou renversé ce frêle obstacle, et alors, oh ! alors, les crédules verront combien une république conservatrice se transforme facilement en république socialiste.

Déjà on a embelli la République d'une seconde épithète, afin de mieux définir la chose et prévenir tout malentendu s'il nous prenait fantaisie de trop compter sur la valeur du mot conservatrice. Elle est maintenant la République conservatrice et *progressive*. Cette qualité de progressive ne lui permettra pas de s'arrêter dans l'ornière conservatrice sur la pente révolutionnaire. Progressive, elle suivra le Progrès ; et le « Progrès moderne », ce sont les conséquences logiques des « immortels principes ». En dehors de ce progrès, il n'y a que la *réaction*. Réaction, il est vrai, du bien contre le mal, de l'ordre contre l'anarchie, du légitime contre l'illégitime, de la sagesse contre l'utopie, de la vérité contre l'erreur, de la liberté contre la licence. Mais à la France « libérale » qu'importent les réactionnaires et leurs principes ? Elle n'a point le temps de rechercher si par hasard ces principes ne seraient pas les vrais et même les seuls conservateurs au sens strict du mot ; attelée au char de la République conservatrice et progressive, au grand ébahissement des socialistes eux-mêmes, elle ira jusqu'à ce que ce char la culbute.

III

LES PRINCIPES DE 89

On embouche souvent la trompette de la Renommée en faveur des « immortels principes » de 89 ; en leur honneur on voudrait que la France entonnât le chant d'allégresse ! C'est aussi en leur honneur qu'on a dansé la Carmagnole sur nos places publiques et tenu les clubs de jacobins dans nos églises ; en leur honneur que se sont passées les plus ignobles saturnales, et que s'est promené partout impunément le vandalisme le plus abruti ! C'est en leur nom qu'on a fait rénger la terreur, édicté la loi des suspects, soudoyé la délation, voté des primes aux dénonciateurs, et qu'on a établi en permanence la guillotine qui fonctionna surtout aux dépens du peuple (1). Tout cela, pour l'émanciper ! !

Désillusionnée, lasse de révolutions, la France voudra savoir un jour ce que sont en réalité ces « immortels principes » sous l'invocation desquels le désordre, l'anarchie et la révolte furent installés en permanence sur son territoire,

---

(1) Ce n'est point là une phrase à effet, mais une vérité historique, exacte, inexorable comme un chiffre. Le peuple, le vrai peuple, a fourni à l'échafaud révolutionnaire, aux guillotines de la Terreur, le plus grand nombre de victimes Tel est le résultat du dépouillement des douze mille condamnations à mort prononcées par les tribunaux et les commissions révolutionnaires, analysées sur les dossiers mêmes et imprimées par Prudhomme, le panégyriste de la Révolution, et qui se répartissent ainsi :

Paysans du Poitou et de la Bretagne, condamnés à mort par les commissions révolutionnaires, sous le titre général de Brigands de la Vendée, et exécutés	3,193
Ouvriers d'état, maçons, charpentiers, charrons, tailleurs, forgerons, etc	2,242
Bourgeois, petits propriétaires, petits rentiers	1,273
Laboureurs, garçons de charrue	778

ses fils conduits à l'échafaud, et ses chefs-d'œuvre livrés aux flammes.

Alors, écartant tous les grands mots qui les dissimulent, elle reconnaîtra que ces principes prétendus « rénovateurs » ne sont autre chose que l'introduction à force d'audace et de perfidie, dans les gouvernements, les lois et la politique, du principe de négation de toute autorité de Dieu sur l'homme. Ce principe, qui dérive de celui du mal, fut introduit par Luther au sein des croyances religieuses, sous le masque de la Réforme. En 89, l'Assemblée Constituante le proclama la base du droit public, sous le nom de Souveraineté

REPORT	7,456
Prêtres, religieux	767
Soldats	745
Femmes, filles, servantes, couturières	708
Nobles, émigrés	639
Avocats, procureurs, notaires, huissiers	585
Fabricants, négociants, commis marchands	539
Domestiques, cuisiniers, valets de chambre	244
Aubergistes, cabaretiers, marchands de vin	156
Médecins, chirurgiens	76
Matelots	73
Instituteurs	49
Hommes de lettres	46
Comédiens	21
Chiffonniers	2
TOTAL	12,076

La liste totale des victimes est beaucoup plus considérable; Prudhomme n'a pas pu ou n'a pas voulu continuer son travail. Peut-être recula-t-il, effrayé du terrible acte d'accusation qu'il dressait ainsi contre la Révolution et les « immortels principes. »

Mais comme il n'y a aucune raison de penser que les proportions n'aient pas été exactement semblables pour toutes les autres condamnations prononcées dans les mêmes circonstances, l'histoire a le droit de formuler ainsi la portée politique des doctrines révolutionnaires, glorifiées par les radicaux de nos jours : « *Sur* TROIS *victimes de la Terreur républicaine*, DEUX OUVRIERS ET PAYSANS ; *et*, DEUX *fois sur* TROIS, *l'autre victime appartient aux classes moyennes*. » (Extrait du BILAN DE LA TERREUR, publié par le *Constitutionnel*, sous l'Empire.)

du Peuple. Jusque là, ce principe n'avait eu accès que dans la spéculation du philosophisme, qui en vivait comme le ver vit de la corruption. — Amis de la licence, les philosophes du xviiie siècle s'étaient, en effet, assimilé cet esprit de révolte contre Dieu et son autorité sur l'homme, contre les enseignements de l'Eglise et la morale chrétienne.

La négation des droits de Dieu et de la loi divine ; la souveraineté de l'homme, non « pas seulement *détaché* de Dieu, mais substitué à Dieu » ; la raison et· la volonté du nombre reconnues *seules* bases du Droit, de la Société et du Pouvoir, et par conséquent la justice, l'ordre et l'autorité à la merci des caprices, des passions et des appétits des foules ; la révolte contre l'idée chrétienne et l'autorité divine, et par contre l'absolutisme de la loi humaine : tel est le véritable fond des « immortels principes » de 89.

— Le clergé est institué le gardien du dépôt sacré des principes contraires. Aussi, les suppôts de l'esprit de licence et de révolte lui ont-ils déclaré une guerre acharnée, tantôt ouvertement et avec audace, tantôt avec les formes les plus hypocrites mais les plus venimeuses. Les révolutionnaires savent bien que le prêtre, intrépide défenseur de la société et de la morale chrétienne, est le grand obstacle à leur triomphe complet. C'est pourquoi nous les entendons si souvent prononcer ce mot de *cléricalisme*, avec une rage mal contenue et· des insinuations odieuses remplies d'autant d'imposture que de haine ! —

Depuis 89, la Souveraineté et l'Autorité sont exercées au nom du peuple. Quel affranchissement en résulte-t-il pour lui ? — Qu'y a-t-il gagné en dignité, en influence à l'exté· rieur, en liberté, en sécurité à l'intérieur ?....

Voyons ce que nous trouverons de sens commun, de raison, de progrès politique dans ces gouvernements différant entre eux de forme, mais qui, les uns après les autres, se sont appuyés sur la Révolution, reconnaissant le même principe, étant tous fondés sur la Souveraineté du peuple.

CHAPITRE QUATRIÈME

Révolution et Légitimité

***

I

PHILOSOPHIE DES GOUVERNEMENTS FONDÉS SUR LES PRINCIPES DE 89

Les principes de la Révolution ayant déjà donné, en religion, une exacte mesure de leurs conséquences, il eût été facile de prévoir, rationnel de préjuger les secousses violentes de leur introduction et de leur application en politique. Après une première et sinistre expérience, la plus vulgaire sagesse commandait de les abandonner. Mais les sociétés secrètes qui avaient préparé et dirigé la Révolution, s'étaient chargées de les perpétuer : leurs affiliés ont contraint la France à subir des essais renouvelés avec obstination, — comme si la série des révolutions pouvait se clore dans la Révolution même !

En 93, l'échafaud du Roi-Martyr se dressait au nom de la Souveraineté du peuple. Par l'assassinat de Louis XVI, ce fut l'Autorité elle-même que la Révolution décapita. Depuis lors, la « France de 89 » est châtiée avec ses propres armes : la Souveraineté du peuple est la cause comme l'excuse irréfutable des soulèvements, et, viciés à leur source, tous les pouvoirs frappés d'impuissance ne sèment et ne récoltent que la Révolution.

Régimes d'expédients, gouvernements d'équivoque : républiques, empires, monarchie, se succèdent tour à tour. Leurs fruits doivent tenir de l'arbre qui les porte : ils ne mentent pas à leur origine.

Que voyons-nous ?

— Coalitions d'intérêts divers contre chacune de ces institutions politiques. — Fréquents refus de se soumettre aux
décisions d'une autorité précaire, incertaine et vacillante
parce qu'elle est toujours sujette à varier comme varie son
unique source : la souveraine volonté du nombre. — Emeu-
tes, guerres civiles, révoltes, puisque tout pouvoir issu du
principe révolutionnaire est une provocation à une révolution nouvelle. — Impuissance à fonder quelque chose de
durable, antagonisme perpétuel, versatilité sur tous les
points, instabilité sous toutes les formes, ruines partout.

Tel est le bilan politique des régimes de la Révolution.

Lorsqu'on le laisse libre de choisir son gouvernement, le
peuple à qui l'on impose une Souveraineté dont il ne se sou-
cie point, sachant trop ce qu'elle lui coûte, se hâte de la
remettre à un dictateur.

Les deux formes de cette dictature : le despotisme guer-
rier et le césarisme, s'incarnent dans l'Empire napoléonien.
De tristes expériences nous ont montré que loin d'apporter
à la France le repos ou le salut, cet empire lui coûte chaque
fois ses forces morales, son indépendance, son unité.

Parasites épuisant à leur seul profit la séve de la nation :
le despotisme s'appuie sur la force et produit un servilisme
brutal ; tandis que le césarisme, plus pervers et plus lâche,
engendre une corruption raffinée.

Le despotisme et le césarisme sont impuissants contre la
Révolution. Pendant quelques années, ils peuvent refouler
ses aspirations démagogues, mais elles cèdent comme un
ressort qui se tend, jusqu'à ce que les passions qui les ani-
ment et les rancunes qui les servent leur aient donné assez
de résistance pour faire sauter le pouvoir qui les comprime.
C'est que les Bonapartes, titulaires de ce pouvoir, ne peuvent se placer en dehors ou au-dessus du principe révolutionnaire dont ils procèdent. La logique de ce principe les
enlace, les domine, et pour en obtenir quelque trêve, ils sont
contraints de développer les germes de leur ruine. Despo-

tes, ils abusent de la guerre ; Césars, ils corrompent ; puis, le jour où la guerre et la corruption se retournent contre eux, la Révolution les emporte à leur tour.

A côté de l'Empire se place ce que l'on nomme à tort la Monarchie *constitutionnelle.* — Toutes les Monarchies existent suivant une Constitution ; il ne s'agit que d'en définir la forme et les règles ; et le mot de parlementaire convient seul au sens que l'on attache à ce mot de constitutionnelle.

La Monarchie parlementaire (voir la note) se résume en ces mots : « Le roi règne et ne gouverne pas ! »

Notre Droit national, notre histoire, notre caractère, nos mœurs répudient cette forme monarchique. De plus, telle qu'on l'entend, en France, elle est fille, elle aussi, de la Révolution, et ne s'appuie que sur les «immortels principes» puisqu'elle admet dans le peuple seul la source de la Souveraineté et de l'Autorité.

Avec cette Monarchie, la Royauté française perdant sa raison d'être, n'est qu'un rouage inutile. Politique, administration, une Chambre sans traditions, et souvent sans expérience, dirige tout. Quant au Roi, délégué héréditaire des délégués momentanés du Peuple Souverain ! il est condamné à suivre les ministres que lui imposent les manœuvres parlementaires. Obligé de supporter toutes les folies, il lui manque même le droit légal de s'opposer aux mesures désastreuses. S'il le tente, il usurpe l'Autorité que le peuple délègue à ses députés ; de là, à une accusation, puis à une révolte, il n'y a qu'un pas.

En cette extravagante combinaison, la Monarchie ne peut s'asseoir sur une base ferme et durable, ni se défendre avec une arme légitime. Jouet de tous les vents d'intrigue, elle est à la merci de toutes les compétitions ambitieuses. Il est vrai que l'on prétend couvrir le Roi en déclarant ses ministres seuls responsables devant le Peuple Souverain ! Mais nos mœurs héréditaires ne comprennent rien à ces distinctions subtiles. Malgré les théories parlementaires, pour la France, le Roi « règne et gouverne », elle le rend toujours responsable des fautes ministérielles, qu'une révolution l'envoie expier en exil, grâce au droit public de 89. Et le Monarque d'un côté, la nation de l'autre, liquident les inepties, payent tous les frais du parlementarisme.

Avec les régimes révolutionnaires, la Représentation nationale est tantôt inutile, tantôt néfaste aux intérêts du pays, et les « immortels principes » lui infligent un triste rôle en lui enlevant prestige et dignité.

En effet, sous la dictature, les députés ne sont que les serviteurs muets et dociles d'un César tout-puissant, seul responsable devant le peuple.

Sous un gouvernement parlementaire, ayant à se disputer la Souveraineté que leur délèguent leurs électeurs, ils négligent les affaires pour la politique. Alors, quelle multiplicité de prétentions rivales ! Quels chocs de compétitions ! Quels furieux assauts aux portefeuilles ! Que de ligues immorales, d'indignes manœuvres, d'audacieuses tactiques ! Que de coalitions passagères entre des intérêts opposés pour conquérir ou conserver le pouvoir ! Et les ministres dépendant de quelques voix de majorité, comme les intérêts nationaux sont lestement sacrifiés aux intérêts parlementaires !....

C'est pire encore lorsque le pouvoir se résume en une Chambre unique ou Assemblée présumée constituante. Divisés comme la bourgeoisie en quatre ou cinq partis ayant chacun leurs tendances et leur but, les députés souverains donnent au pays inquiet le plus triste spectacle.

Accord des volontés, combinaison disciplinée d'efforts, lorsqu'il s'agit de détruire ou de renverser : telle est l'une des faces de leur œuvre parlementaire.

Qu'il s'agisse, au contraire, de remplacer, d'édifier, de consolider sous une forme quelconque : aussitôt se montre la diversité des mobiles, s'opèrent la désagrégation des intérêts, la division des volontés et des efforts, surgit la divergence des tendances et des vues.

Alors, entre les mains de nos représentants se dissout l'expression générale de l'Autorité que se partagent leurs groupes divers. Et tandis que le peuple exaspéré maudit une fois de plus la Souveraineté dont on l'accable, ces groupes isolés les uns des autres ne peuvent qu'agiter en vain leurs droits respectifs, parce qu'ils se contredisent formellement et s'annulent par cette opposition même.

Ces rôles différents donnent l'explication des choix excentriques du Peuple Souverain, et des manœuvres qui les préparent. Comme les députés sont avant tout les comparses de César, ou les tribuns de la Souveraineté du peuple, les intérêts du pays ne viennent qu'en seconde ligne. Dès lors la docilité aveugle, l'intrigue ou le charlatanisme révolutionnaire doivent primer tour à tour l'intelligence, le mérite et l'expérience : c'est ainsi que les « immortels principes » font de la Représentation nationale le refuge des nullités, le théâtre des ambitions, l'arène des démagogues. Hélas ! le mandat de député révolutionnaire impose si peu de devoirs ! exige si peu de responsabilité ! il conduit si facilement ses titulaires aux honneurs, à la célébrité, au pouvoir, ou même à la simple quiétude matérielle ! Quoi d'étonnant si pour y arriver ou s'y maintenir, les habiles sans scrupules se prêtent à toutes les fantaisies du maître, descendent à toutes les démarches, courtisent toutes les passions de la multitude !...

Entre temps éclatent des explosions de passions populaires ou mieux populacières que préparent et conduisent quelques ambitieux mécontents d'être relégués à un plan secondaire, et trouvant là un indigne mais facile moyen de s'imposer au pays. Exploiter la crédulité, l'ignorance, les passions et la souveraineté des masses : tels sont les agissements infaillibles des principaux acteurs de nos comédies politiques.

Adroitement égaré, indignement trompé, exploité avec audace, le peuple est tout ensemble leur proie, leur victime et leur dupe ; et les « dernières couches » dont on attise à plaisir les instincts mauvais, dont on surexcite les sauvages convoitises, voient se rapprocher chaque jour l'heure de la liquidation.

Une autre conséquence fatale des « immortels principes », c'est la centralisation : la centralisation qui rend possibles les révolutions et les coups d'Etat. Pour suppléer au principe d'Autorité ne résidant point en eux, les gouvernements sont obligés de supprimer les libertés locales, les franchises administratives, et de restreindre, quand ils ne les confisquent pas, les libertés politiques. Avec les principes de 89, la centralisation est, en effet, le seul lien qui enchaîne les administrés *souverains* au pouvoir *délégué;* elle seule protége l'unité nationale contre les tentatives de fédération ; elle seule assure la subordination du pays au pouvoir exécutif, malgré les velléités de révolte du Peuple souverain.

Supprimez cette centralisation en conservant le principe révolutionnaire, et vous verrez ce que deviendront l'autorité du gouvernement central et l'unité française. L'Assemblée nationale a tenté cet essai en partie ; ses lois décentralisatrices sont le prétexte d'étranges comédies : les délégations du Peuple souverain transformant leurs attributions nouvelles en Souveraineté qu'elles prétendent appliquer au gré de leurs caprices.

A tout cela s'ajoute le legs extérieur des gouvernements de la Révolution. La Royauté avait créé la véritable, la seule politique française, que nos régimes d'aventure, entraînés par leur principe, ont abandonnée. Louis-Philippe a sacrifié cette politique nationale aux intérêts de sa dynastie comme à l'équivoque de sa royauté; les Bonapartes, à leur folie d'ambition et d'orgueil, ou à leurs rêveries nuageuses; la République enfin la sacrifie à son impuissance organique comme à l'hostilité instinctive qu'elle éveille.

Trois invasions, l'Alsace-Lorraine perdue, l'influence française anéantie, notre complicité autant que nos désastres créant à nos portes, contre l'Eglise et la France, l'unité de l'Italie et de l'Allemagne : tels sont, en moins d'un siècle,

les résultats de l'abandon des traditions politiques de la
Royauté.

II

LA LÉGITIMITÉ, SOURCE DE SÉCURITÉ, DE PROSPÉRITÉ, DE GRANDEUR

L'antique Monarchie met tout son orgueil et fait consister
tout son mérite à être nationale. Elle seule l'est essentiellement, parce qu'elle est seule en harmonie avec le génie de
la nation; seule appuyée sur les lois fondamentales et le
Droit séculaire de la France, seule capable de sauvegarder
les intérêts généraux du pays, dont elle représente les traditions et les alliances politiques. Sa dynastie toute française,
son passé intimement lié à notre histoire, s'unissent à
l'ordre de principes sur lequel cette Monarchie est fondée,
pour en faire l'opposé des régimes révolutionnaires.

Dans cet ordre de principes, le Roi est investi de l'Autorité, de la Souveraineté par le sacre, en vertu du droit héréditaire et traditionnel, base de la Monarchie française.

Reposant sur le principe catholique qui les rend inatta-
quables : la Souveraineté est, par là, mise au-dessus des
caprices du nombre, hors de toute atteinte, sauvegardée
contre toute compétition; et l'Autorité donne à la loi
comme à la Justice, le caractère supérieur qui leur soumet
les volontés, elle est le lien véritable, fort, respecté, entre le
pouvoir et la nation.

Alors, sans aucun danger pour l'unité nationale et l'action
du gouvernement, la Royauté peut donner à la France une
large décentralisation qui ne se transformant point en
Souveraineté politique, appellerait à une activité féconde
toutes les forces vives du pays.

L'Autorité royale garantit encore l'exercice des libertés
publiques, — patrimoine de toute nation chrétienne, — que le

principe conservateur, indiscutable de la Monarchie, préserve des excès révolutionnaires. Avec la légitimité, en effet, il n'y a plus antagonisme entre les droits du peuple et les droits du pouvoir, parfaitement distincts : l'Autorité royale sanctionne la Liberté, et la Liberté existe grâce à son alliance intime avec l'Autorité royale.

Le peuple n'étant pas Souverain, les partis, comme les révolutions dont ils sont cause, n'ont aucune raison d'être ; de même, le suffrage universel n'est plus une menace, un danger : « honnêtement pratiqué », il est le fidèle interprète des intérêts et des vœux du peuple.

L'Autorité royale dégagée, par sa nature et sa source, des entraves qu'apporte dans la marche des affaires la compétition des intérêts, protége et règle tous ces intérêts sans distinction, de concert avec la Représentation du pays.

Gouvernant « avec la justice et les lois », le Roi, qui n'est point l'élu d'un parti, ou le chef d'une caste, mais que son origine traditionnelle constitue le représentant du Droit français, le chef, le guide, le protecteur de tous, discipline et dirige les aspirations nationales. Il est le légitime et impartial conciliateur des diverses classes entre elles, et des intérêts propres de chacune d'elles avec l'intérêt général, au grand avantage du pays, pacifié et confiant.

Ne pouvant prétendre à exercer une Souveraineté, à diriger une Autorité qui ne dépendront point d'elle, la Représentation nationale, à tous ses degrés, n'ayant à s'occuper que des affaires du pays, leur donnera son temps, ses lumières, son indépendance, et deviendra un honneur, récompense du mérite et du dévouement.

L'accord du Roi et de cette Représentation parviendra sûrement, soit à prévenir, soit à atténuer toujours les abus. Ainsi réduits, que seront ces derniers ? très-peu de chose, comparativement aux abus révolutionnaires bien autrement graves, nombreux et funestes, que rien ne peut atténuer.

L'ancienne Monarchie est ou se prétend de *droit divin*, objecte-t-on souvent.

L'ancienne Monarchie n'est pas de *droit divin*, puisqu'elle n'est point imposée par une délégation directe, comme envoyée de Dieu même, avec pleins pouvoirs de lui sur la terre : ce n'est là qu'une exagération exploitée par la fourberie révolutionnaire. Elle n'existe pas *en vertu d'un droit divin*, puisqu'elle est élective dans son fondateur ou le premier chef de la branche régnante. Elle est simplement de droit national, légitime et traditionnel. Mais reconnaissant en Dieu le principe d'Autorité et de Souveraineté sur l'homme, la source de tous les droits, la sanction de tous les devoirs, s'engageant, par le sacre, à n'user de son autorité qu'au nom de Dieu, dans l'intérêt religieux et moral, aussi bien que matériel, du pays qui se confie en elle, en gouvernant ce pays, elle ne fait qu'exercer *les droits divins* d'Autorité et de Justice dont elle est légitimement investie.

C'est là le sens de ces mots « droit divin », au sujet desquels les révolutionnaires se plaisent à équivoquer.

Par cela même que la Monarchie légitime reconnaît en Dieu le principe, et exerce en son nom la charge comme les priviléges de l'Autorité et de la Souveraineté, elle offre à la France des conditions d'ordre, de liberté, de stabilité, de justice, de moralité, de dignité et d'honneur, que ne peuvent lui offrir tout régime, tout pouvoir fondés sur le principe révolutionnaire.

Suprême Magistrature du pays, dépositaire et protectrice de l'Ordre public, de la Justice générale, de l'intérêt commun, la Royauté légitime est le gage de la sécurité, la garantie véritable des droits et de la liberté de tous. Sa renonciation volontaire à tout intérêt propre, consacre son entier dévouement et lui permet de s'identifier avec les intérêts de la France.

La Monarchie légitime s'appuie sur tous les mérites, toutes les gloires, toutes les capacités nationales. « Monarchie du

Progrès », elle se prête toujours avec empressement, comme le démontrent les faits de 1788 et 89, aux réformes que demande la conscience publique, lorsqu'elle ne les provoque de sa propre initiative, ce dont témoigne sa longue histoire.

Élective dans son fondateur, elle représente, par la succession des membres de la famille royale, l'expression la plus haute du principe d'hérédité. Son mode est *représentatif;* mais il n'est pas, il ne saurait être parlementaire.

III

PRINCIPES ET PROGRÈS

Quels progrès la Révolution nous a-t-elle octroyés dans l'ordre de ses principes philosophiques ? — Aucun !

LIBERTÉ, ÉGALITÉ, FRATERNITÉ : trois mots admirables dont l'essence découle du Christianisme, qui les engendre comme les rameaux principaux de son épanouissement, et seul en produit les vrais fruits naturels ! Ces mots, la Révolution a osé les emprunter : elle les a effrontément étalés au frontispice de ses actes, de ses arrêts, — et quels arrêts ?... de dépouillement, de proscription, de mort ! En leur honneur, elle s'est livrée à toutes les folies, en leur nom, elle a commis tous les crimes !...

Compare, peuple, les fruits que, sous ces mots, t'offre le Christianisme, dont la doctrine catholique est l'interprétation véritable, aux fruits que t'offre la Révolution !

La Liberté ! pour la Révolution, c'est le droit de nous imposer ses volontés ; c'est encore la licence, ou l'entière liberté du mal, tandis qu'elle ne se plaît qu'à fabriquer des entraves afin de gêner la libre manifestation du bien.

L'Égalité ! La Révolution est impuissante contre l'inégalité des conditions sociales, et nous savons comment les libéraux - révolutionnaires - conservateurs entendent l'égalité politique ! — La Révolution n'a jamais compris et pratiqué l'Égalité que par la main du bourreau. De plus, elle marche au nivellement social par l'abaissement de tout ce qui s'élève au-dessus du niveau commun.

La Fraternité ! C'est pour elle un simulacre, le masque d'une vaine et stérile philanthropie, lorsque ce n'est pas le droit de fusiller ses adversaires, et souvent ses adeptes, comme de pétroler leurs maisons.

Quant au « Progrès révolutionnaire-bourgeois », sa devise est aujourd'hui : Tous RESPECTS AUX ÉCUS. La Liberté, l'Égalité, la Fraternité, sont les moindres préoccupations des classes dirigeantes : si l'intérêt est leur Dieu, les moyens leur sont indifférents : *Mercatores sunt principes nostri*, et dans leurs mains la politique se transforme en affaire de lucre, se résout comme une question d'arrière-boutique.

CONCLUSION

Les conséquences de la Révolution se dressent menaçantes.
Le manque d'ordre, de confiance, d'harmonie dans la société ;
les malaises au milieu desquels elle s'agite en vain ; les
jalousies, les haines sociales qui menacent son repos et la
paix de la Nation ; la division, l'antagonisme des classes
entre elles ; les souffrances des affaires, du commerce et de
l'industrie ; le défaut d'entente entre les membres et les
groupes divers de la Représentation nationale : toutes ces
choses caractérisent l'état profond d'incertitude et d'angoisse
où nous plonge le déchaînement des passions politiques, et
surtout des passions révolutionnaires.

Il est temps de nous inspirer de notre foi, de notre honneur, de notre dignité, en revenant aux principes traditionnels : si le patriotisme le demande, nos intérêts l'exigent,
puisque là seulement nous trouverons le salut.

Le dépositaire traditionnel de l'Autorité ne sera-t-il pas le
meilleur gardien de nos libertés et de nos droits ? Tout ce que
nous sommes, ne le devons-nous point à l'ancienne Monarchie ? L'unité nationale, comme l'affranchissement du peuple
et l'égalité civile, n'est-ce pas le résultat de sa politique séculaire, cette politique royale essentiellement chrétienne et
française ?

Par ses victoires sur l'étranger, ses traités, ses conquêtes, la politique royale créa l'unité et la grandeur de la France. Employant tour à tour le glaive et l'Autorité, afin de briser ces liens multiples de faisceaux divers mal unis entre eux : la féodalité, elle préparait, elle commençait, elle fondait, par ses décrets, ses lois, son initiative, la liberté du peuple.

Pendant des siècles, la Maison de France poursuivit ce but glorieux à travers mille obstacles; chacun de nos rois marqua cette longue route d'un progrès national, d'un triomphe français. Et nous contesterions à leur héritier, — à Celui qui s'appelle le Comte de Chambord! — le devoir d'achever, le droit de sauvegarder cette œuvre admirable, alors que toutes les fibres de notre passé, comme les espérances de notre avenir, nous rattachent à lui?

Non ; un jour le peuple redemandera le Roi, se souvenant que si son affranchissement et son indépendance sont le résultat des luttes séculaires, des patients efforts de l'ancienne Monarchie, Henri V a seul « la garde et le secret de ses intérêts et de son bonheur (1) », et que lui seul peut « fonder un gouvernement vraiment national, ayant le droit pour base, l'honnêteté pour moyen, la grandeur morale pour but (2). »

Le rétablissement du gouvernement de la légitimité pourra seul clore en France l'ère funèbre des révolutions, en étouffant leur principe à sa source. Acceptant les réformes justes et utiles des cahiers de 89, véritable expression des vœux du pays et du travail des temps, garantissant les conquêtes de la civilisation chrétienne, et ne répudiant que le principe révolutionnaire avec ses funestes conséquences, la Monarchie légitime sauvera la France, qu'elle dotera enfin d'institutions durables.

(1) M⁹ʳ le comte de Chambord. Lettre du 13 janvier 1865. Venise.
(2) Manifeste du 9 octobre 1870.

NOTE

« On cite toujours à propos de la monarchie parlementaire, l'exemple de l'Angleterre. Mais la monarchie anglaise est fondée sur les principes traditionnels, et non sur le principe révolutionnaire. Ainsi entendue, son mode constitutionnel résulte de causes historiques qui n'existent point en France, et s'appuie sur des traditions, sur des mœurs radicalement opposées aux nôtres.

« Il résulte de causes historiques. En Angleterre, l'origine de la Constitution est une révolte des barons contre la Royauté, le développement des libertés et des institutions est le résultat de l'union traditionnelle de l'aristocratie et des Communes ; les dynasties se succèdent sur le trône et sont toutes d'origine étrangère. En France. au contraire, l'unité et la liberté sont le fruit de l'alliance séculaire de la Royauté et du peuple contre la féodalité. et la couronne reste à la dynastie capétienne, dont l'origine est essentiellement nationale.

« Grâce à ces faits historiques, en Angleterre, les libertés et les traditions nationales, indépendantes de la dynastie, sont le patrimoine exclusif du peuple, dont la ténacité énergique les a conquises ou fondées, comme son esprit de suite et ses mœurs les ont conservées. Elles ont créé deux partis : l'un représente plus particulièrement ces traditions, l'autre s'attache de préférence à fortifier et à développer ces libertés. Suivant que le choix de la nation désigne tour à tour les *whigs* ou les *torys*, il appartient à leurs chefs de diriger les affaires intérieures et extérieures, conformément à la politique traditionnelle de leur parti. Si l'histoire leur donne ce droit, les qualités natives, les institutions séculaires, le génie essentiellement conservateur, le bon sens pratique du peuple anglais, et, par-dessus tout, son respect scrupuleux de la loi, leur en permettent l'exercice régulier. De plus,. contre les entraînements du Parlementarisme, existe une digue formidable : la Pairie héréditaire, la Chambre des lords, puissante par ses richesses, son influence, ses traditions, son origine berceau des libertés anglaises. Quant à la dynastie actuelle, dont le premier titulaire était allemand (Georges Ier de Brunswick-Hanovre, 1714), étrangère au passé et à la constitution de la vieille Angleterre, elle représente et garantit les principes d'Ordre, de Justice et d'Autorité, dont les Anglais, quoique protestants, reconnaissent la source divine.

« Par contre, en France, l'histoire donne à la Royauté seule le dépôt des traditions qui sont son œuvre, la garde des libertés dont elle fut la source, la direction du peuple qui lui doit ce qu'il est. Son origine, son passé, son rôle, la constituent le centre, le lien et le guide de notre société. En dehors d'elle, aucun parti ne représente nos traditions nationales, aucun parti n'est identifié avec les libertés publiques et la politique française; — où sont nos whigs? où sont nos torys? Avec quels éléments formerions-nous une institution analogue à la Chambre héréditaire des Lords? -- En dehors de la Royauté, il y a simplement, selon les intérêts ou les passions du jour, quelques personnalités dont le seul objectif est leur propre triomphe. Dans ces conditions, il ne suffirait pas que la Royauté représente et garantisse les principes traditionnels, il faut encore que le Roi gouverne.

« Les véritables bases du régime parlementaire n'existant point en France, le Parlementarisme n'est et ne peut y être qu'une fièvre de portefeuilles, un tournoi d'éloquence, un conflit d'ambitions, une subtilité byzantine. Il met les destinées de la France à la merci d'un discours que soutient une intrigue ou une coalition, et n'assure au pays ni stabilité, ni influence. Le règne de Louis-Philippe est assez instructif.

« Petits-fils des races latines, nous avons leurs défauts et leurs qualités, qui ne ressemblent en rien aux qualités et aux défauts des races anglo-saxonnes. Pourquoi prétendre implanter chez nous leurs institutions?

« Rêvons un peu moins de faire de notre pays tantôt une *Angleterre*, tantôt une *Amérique*, et pensons un peu plus à en faire une FRANCE. »

TABLE DES MATIÈRES

                                          Pages

INTRODUCTION V

LES IMMORTELS PRINCIPES ET L'ORDRE SOCIAL
CHAPITRE PREMIER

I   Légitimité ou Socialisme 1
II Aux Bourgeois Révolutionnaires 7

CHAPITRE DEUXIÈME
OÙ MÈNENT LES PRINCIPES DITS DE 89

I   Logique des Principes de 89................................ 10
II Le Socialisme conséquence des Principes de 89............. 17
III Inconséquences des prétendus Libéraux-Conservateurs...... 24

LES IMMORTELS PRINCIPES ET L'ORDRE POLITIQUE
CHAPITRE TROISIÈME

I   Depuis 89... 29
II La République conservatrice................................. 33
III Les Principes de 89.. 36

CHAPITRE QUATRIÈME
RÉVOLUTION ET LÉGITIMITÉ

I   Philosophie des gouvernements fondés sur les Principes de 89. 34
II La Légitimité source de sécurité, de prospérité, de grandeur. 45
III Principes et Progrès.. 49

CONCLUSION 51

NOTE 53

Lyon. — Imprimerie du TÉLÉGRAPHE.